引き出しの法則

クスドフトシ

WANIBOOKS

引き出しの法則

クスドフトシ

引き出しってすごいですよね。

ノートやペン、それに消しゴムなど、
あんなにたくさんのモノを詰め込めて、
しかも必要な時に、必要なモノを、
必要なだけ取り出せるんですから。

あぁ僕も〝引き出しみたいな人間〟になれたらなぁ。
そしたら、僕の中に眠るチカラを好きな時に、
好きなだけ引き出せるのに。

え?

……引き出せますけど?

この「引き出しの法則」さえあれば!

今、巷では「引き寄せの法則」が大ブームですね。僕も20代の頃、職業＝引きこもりの時代がありまして、なんとかせねばとこの分野にすがった経験があります。

そもそも「引き寄せの法則」って何だろう？　と思われた方のために、この法則をものすごく簡単に説明すると、

「嬉しい！」とか、「楽しい！」など、心地良い気持ちや言葉を発したり、そういった行動をしていれば、**また「嬉しい！」や「楽しい！」と思わせてくれる出来事が目の前に現れる。**

逆に、**「嫌だなぁ」とか、「最悪だなぁ」など、**不快な気持ちや言葉を発したり、そういった行動をしていれば、**やっぱりこれもまたそう思わされる出来事が寄ってくるというものです。**

そして、「法則」と名前がつくほどですから、誰にでも適用されるものです。

そう、誰にでも……。

当然、20代の引きこもりをしていた時の僕も、この「法則」を活用しようとしました。

働かずとも億万長者になれるのではないか（笑）、
恋愛も人間関係も健康もすべてうまくいくのではないか、
そういった甘い期待ばかりしていました。
なぜなら、自分は働いても長続きしなかったり、
どこにも居場所がないような気がしたり、
どんな本を読んでも一時はうまくいってもまた落ち込むような日々が続いたりで、
「ああ、やっぱり自分は何をやってもダメなんだ」と人生に絶望すら感じていたからです。
ベッドの上で来る日も来る日も天井を見つめては、

「死んだらどれほど楽なんだろう？」

と思って過ごしたこともあります。だからこそ、「誰にでもそういった法則が適用されるなら…」と甘い期待をしてしまったのです。

でも、引きこもりの現状は何も変わりませんでした。

いや、変わらないどころか雑誌やブログで「引き寄せで夢を叶えました！」という記事を見て、余計落ち込む日々が続いたのです。

この時の気持ちを一言で表すならば**「引き寄せの法則なんてクソくらえ！」**ですね（笑）。

でも、もちろん「引き寄せの法則」が悪いわけではありません。だって、その当時の僕には決定的にすっぽり抜けていた点がありましたから……。

それが、今ならはっきりと分かります。

あの時の僕は、自分の外の世界から願望を引き寄せようとするだけで、自分自身のことは何も変えようとしなかった……！

サッカーの試合をイメージしてください。あなたのチームは、サッカーをしたことがない「あなた」と10人の「一流選手たち」で構成されています。

さすが一流の選手たち。試合では、あなたにスルーパスやキラーパスなど、いいパスがばんばん通ります（引き寄せられます）。でも……あなたがシュートどころか、足にボールを当てられないばっかりに、それらのパスは全て無駄になりました――。

まぁこれはあくまでもイメージですが、**外側（自分以外）がどれだけ変わろうとも、あなた自身が変わらないかぎり、あなたの世界が変わることはない！**　ということです。

そういう意味で僕は「あなたの世界はあなたが創っている」と考えています。

それを決定づける実験をしてみましょう――。

次のページにある写真から、「あなたが幸せだなぁ」と感じるところをいくつか探してみてください。

どうでしょう？　たくさんの「幸せだなぁ」と思うところが見つかりましたか？

・ほぼ満席
・たくさんの人が笑顔で観戦している
・休日に外にお出かけですかね？　リア充か！
・おじいさんとおばあさんが寄り添ってる（下から8番目の右から2～3番目辺り）
・外国の方は鼻が高いからサングラスがよく似合う

まだ見つかってない方は、こんな感じでなんでもいいので、あなたが思う「幸せだなぁ」を見つけてみてください。

それではもう1つ実験です。今度は、次のページの写真から「不幸だなぁ」と思うところを見つけてみてください。

どうでしょうか？　たくさんの「不幸だなぁ」と思うところが見つかりましたか？

・空席がある
・暑そう……
・サングラスをかけてない人（帽子をかぶってない人）はお金がなかったのかな？
・もしかしたら、みんなの笑顔って何かを見てバカにしてるんじゃ……？
・下から6番目の真ん中辺りのおじいさんや、その斜め後ろ辺りの人は機嫌が悪そう

まだ見つからない方は、これらのリストを参考にあなたが思う「不幸だなぁ」を見つけてみてくださいね。

どうでしょう？　この2つの実験をやってみて、とっても不思議な気持ちになりませんか？

だって、同じ写真なんですもの（笑）！

この実験を通して分かる通り、写真（外側の世界）は何も変わってないのに、あなたの見方が変わっただけで、**「幸せがいっぱい写った写真」になったり、「不幸がいっぱい写った写真」になったりするんです！**

つまり、この実験をやっている時のあなたを紐解くと、

× あなたの外側の世界から幸せや不幸を引き寄せたんじゃなく、

○ あなたの内側から幸せや不幸を引き出した！

ということになりますよね。

そう。世界は自分の引き出し方次第で変わるということになる！

そして、その引き出し方さえ身につければ、誰でも必要なモノを、必要な時に、必要なだけ、取り出せる「引き出し」のような人になれる!!

このことに気づけなかったことが、「引き寄せの法則」を何度読んでも、「引き込もりの法則」しか発動されなかった要因だと思います。

きっと多くの人が、自分の願望を叶えるために今日も「引き寄せの法則」にすがっていることでしょう。そして、結局叶えることができず、「引き寄せなんてクソくらえ！」と叫んでいることも想像できます。

そんなあなたに、少し厳しいかもしれませんが声を大にして言います。

「引き寄せの法則が悪いんじゃない！本当に悪いのは、自分を変えようとしないあなた自身だ！」

どうかこの言葉で落ち込まないで。あなたはまだまだ変われるから。

それに、どうせ変わることを諦めるなら、最後にこの本で紹介するメソッドを試してみてからでも遅くないはずです（笑）。

それでは肝心のメソッド紹介に移りましょう。「引き寄せの法則」改め、「引き出しの法則」のスタートです。

目次

第2章 口に出す

第3章 動き出す

第4章 見つけ出す

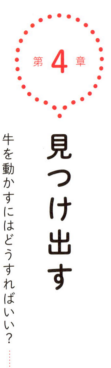

第1章

引き出しの法則

「引き寄せの法則」で足りなかったもの

「引き寄せの法則」というものはどういったものか？　それは【はじめに】でお伝えしました。

僕が今回、なぜこの本のタイトルを「引き出しの法則」としたのか。

それは、僕が「引き寄せの法則」を実践して、うまくいく時といかない時を比べてみて“あること”に気がついたからです。

そのあることとは……

「引き寄せの法則」を使ってうまくいかない時は、外側の世界や自分と接する人たち、そして、こういった本に書かれている方法論に依存していた、ということ。

そうです、まさにこの「引き寄せ」という名前の通り、

自分の外側から引っ張ってこよう、
寄せてこようと思っていたということです。

これは言い換えると、自分の中に今はまだ「願いを叶えるチカラ」も「悩みを解決させるアイデアや行動力」もない！　と思い込んでいるのと同じです。

〝外側の世界には自分の必要なモノやアイデアはあるけれど、自分の内側にはそういった能力は何1つない。
だから引き寄せるんだ！〟

という考えでは、いつまで経っても望み通りの人生を送れないし、**何よりも自分の潜在意識とも呼ばれる【無意識】のチカラに対しても失礼じゃないか！**　と思ったのです。

だって、誰にでも備わっているこの【無意識】って、本当はどんな願いだって叶えちゃうぐらいすばらしいチカラなんですから！

冒頭の実験を思い出してみてください。

ただの1枚の写真から、「幸せ」も「不幸」もあなたの見方しだいで引き出せましたよね？

こうやってあなたのもとに引き出した張本人は誰だか分かりますか？

そう！　それこそが【無意識】なんです。

……いや、敬意を表して【無意識】さんなんです！

ただの1枚の写真ですから、これはエネルギー的に見れば〝ゼロ〟なはずです。

そこに〝幸せ〟のプラスや、〝不幸〟のマイナスといった意味づけをしたのが【無意識】さん。

でもあなたは
「私が【意識】して〝幸せ〟や〝不幸〟と意味づけしたんだから、これは【無意識】のチカラではないわ！」
と言うかもしれません。

しかし、〝すべて【意識】のチカラだけでやってきたことだ〟という思い込みこそが、願いが叶えられずに苦しんだり、悩んだり、葛藤してしまう落とし穴だったのです。

あたかもあなたが【意識】のチカラで〝幸せ〟だとか〝不幸〟だとかを意味付けしたと思っていますが、**【無意識】のチカラが先に〝幸せ〟や〝不幸〟という情報を出して、【意識】がその情報をキャッチしたに過ぎないのです。**

こういったことは、1983年のカリフォルニア大学で行われた実験でも（【意識】で

「筋肉を動かそう」と思うほんのちょっと前に、【無意識】がすでに脳から神経に「動け」と指令しているということが）分かっています。

それに、あなたが「幸せを意識してみよう」と思って、写真から幸せな箇所を発見した時に、〝どうやって幸せなことを見つけたか〟を説明できないはずです。なぜなら探し出したのは【無意識】のチカラだからです。

こんなふうにあらゆるシーンで【無意識】は僕たちを、

プラスに行かせたり、

マイナスに行かせたり、

サッカーで言ったら監督のように、王様ゲームで言ったら王様のような役割をしているのです（ちなみにこの場合、【無意識】はあなたに嫌われたくてマイナスに行かせているわけではなく、あなた自身が気づかないうちに「マイナスに行きたい！」というメッセージを送っているから、負の方向に行ってるだけ、ということをお忘れなく！）。

それにこの後の章でも説明していますが、僕もあなたも今、こうして生きているのは、【無意識】のチカラによるものです。

あなたが眠っている間も頼まなくても、
呼吸をして、
心臓を動かし、
血液を循環させ、
必要な代謝を行っています。
例えば、あなたの【意識】のチカラだけで、
まばたきを10分も我慢することはできないし、
息を1時間も2時間も止めることなんて不可能です。
どれだけあなた（【意識】）が頑張ろうとしても。

普段の生活の中でもそうです。
僕たちが【意識】しなくても、足を踏み出せば勝手に左・右・左・右……と足を前に出

してくれます。

一度たりともコントみたいに左・右・左・左・左……って間違えたことなんてありませんよね？

人の行動の9割を支配しているのがすばらしきこの【無意識】のチカラです。

それこそ誰にでも備わっています。

あなたが生きている限り。

あなたが思っている以上に【無意識】はあなたのために今日もチカラを尽くしてくれているのです。

そんなチカラを〝無いもの〟にして、

外側から引き寄せようとしてもうまくいかないし、

うまくいったとしてもまたどこかの時点で行き詰まる時が来るでしょう。

なぜなら、本当に大事なことを理解していないからです。

それは【無意識】のチカラが僕たちの望みを叶えてくれていた、ということをです。

うまくいった時、確かにあなたが良い気持ちで、良い言葉で、良い行動をしたのかもしれません。

でも、それをさせているのは【無意識】の領域です。

それをないがしろにして、ただ「良い気持ちでいればいいんだ」とか「良い言葉を使えばいいんだ」と思っていてはまたこういった類の本を読む日が続くでしょう。

そこから卒業してもらいたいと思って、僕はこの本を書いています。

この本を読んでいる今も「引き寄せの法則」を実践して、人生を好転させようとか、願いを叶えて仕事やパートナーやお金や健康などを引き寄せようとしている人がいることでしょう。

そういった人たちの中には「引き寄せの法則」を知って実践しているけど、うまくいかずに、余計に苦しんだり、葛藤している人もいるかもしれませんね。

僕が20代の頃に「引き寄せの法則」を実践していた時も、念じていれば、良い気持ちでいれば、お金も仕事もパートナーも健康も引き寄せられると信じていました。

でも、そこにあったのは

「強く念じていなければダメ……」とか、

「良い気持ちでいなくてはいけない」という、

いわゆる欠乏感や強迫観念のようなものでした。

「引き寄せの法則」でうまくいかない人にはよくあることだと思います。

そして、まるで「引き寄せの法則」をなにか魔法のようなものだと特別視していたのもうまくいかない原因だったのでしょう。

でも、大切なことは自分の中にすでに、願いを叶えるためのアイデアや、まだ見ぬ可能性、行動力、一歩踏み出す勇気そのものが、備わっていたと気づくことです。

「私にそんなチカラなんてあるの？」とあなたは思うかもしれません。

ええ、もちろんあります！　さっきも言ったように【無意識】のチカラは誰にでも備わっているし、それをあなたが引き出すことさえできればよいのです。

あなたがうまくいかずにいたのなら、それは何かを（外側から）足さなければいけないと思い込んでいたということ。

実はそうではなくて、自分の【意識】のチカラだけで、
何とかしなくてはいけない！

頑張らなくてはいけない！

足りない自分はダメなんだ！

と思い込んでいた観念を引いて（引き算して）、出す（排出する）だけで良かったのです。

もっとたくさんの知識を足すのではなく、今まで身に付いていた余計な信念や観念を引くだけです。


本当はあなたの内側にすごいチカラがあるのに、外側にチカラを求めてない？

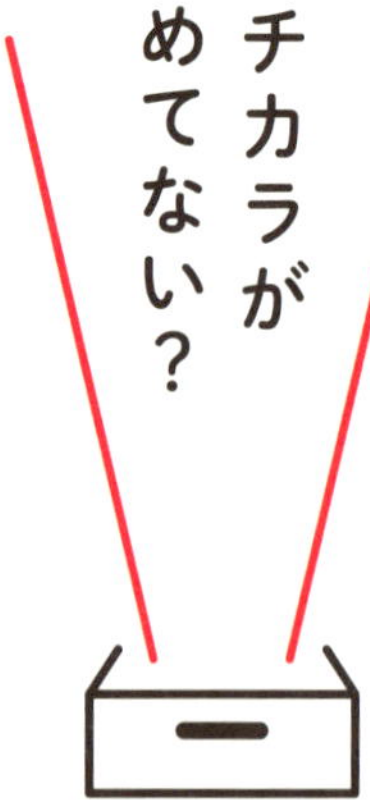

思い通りにしたいと思うから叶わない!?

「あなたには今、叶えたい願いや解決したい悩みがありますか?」

そう聞かれた時にあなたがもし

「はい、もちろん!」

と即答しながら今、ページをめくっているなら、この本をこれ以上読むのはやめてください（やめないと月に代わっておしおきよ）。

「え?　なぜなぜ?　この本は願いを叶えたい人や悩みを解決したい人のために書かれた

本じゃないんですか？」とあなたは言うかもしれません。

でも、僕は全力でそれを否定しなければいけません（僕の本気をなめると痛い目に遭いますよ?）。

この本を読んでほしいのは「今、毎日が充実していて、大変なこともたまにはあるけど概ね幸せだよ」っていう人だからです。

そういった人たちが「あ、私の考えはこうだったから今、幸せなのか。じゃあ、これからもこのままの私でいいんだ」と確認するためです。

そして、安心してこれからも日々を過ごし、周りの人たちにもその幸せな姿を見せて影響を与えていってほしいからです。

「え？　なぜなぜ？　幸せな人はそもそもこういう本を読む必要がないんじゃないですか？」とあなたは言うかもしれません。

「だからダメなんですよ！」

と僕は心を鬼にして言わなければいけません（普段はやさしい僕だけど）。

ここまで読んで「私の考えのどこがおかしいんだろう？」って思わない人はこれからもこういった類の本を買い続けることになるでしょう。

こういったジャンルの本を書いてらっしゃる著者の方々を敵に回したくないので、もちろんこれからもあなたが好きならどうぞ買ってください（僕の本もよろしくお願いしますね）。

ただ、１つ言いたいのは……

本だけを頼りに、その著者の言葉だけを信じて、自分の人生をより良くしたいと依存しているのは良くないということです。

お金と時間を無駄にしてほしくないからこそ、そして、あなたにはもっともっと望み通りの人生を歩んでほしいからこそ、僕はこの本を書きました。

僕の初めての本『無意識はいつも正しい』には

〝自己啓発というジャンルをなくしたい。この本を最後の本にしてほしい〟

という一文があります。

でも、そんなことを言った張本人による2冊目の本がこうして出版されましたし（笑）、もしこの2冊目を心待ちにしていた人もいるなら……

もう一度

「だからダメなんですよ！」

と言わなければいけません（でも、やっぱり買ってくれてありがとう）。

さて、ではなぜ僕が「だからダメなんですよ！」と口を酸っぱくして言うのか？

それは、冒頭でも書いたように、外側（人や本やメソッドなど）に依存しているからです。

・この本が私を救ってくれるだろう
・このメソッドで私の願望が叶うだろう
・この著者の言うことで私の人生は変わるかもしれない

こういった外側への期待をしながらページをめくるということは、今までとなんら変わってないいのではないでしょうか？　あなたが思い通りの人生を歩みたいと思ってるのなら、僕が自信を持って言いましょう！

あなたはこういった本を読まなくても、これからも思い通りの人生を歩むことができます！

なぜなら、あなたは今までもちゃんと〝思い通りの人生〟を今まで歩んできたからです。

きっと「？」マークがあなたの頭の中に浮かんでると思います（なんならひよこが頭の上を飛んでいるかもしれません）。

あなたは声を大にして言いたいでしょう。

「〝思い通り〟の人生なら、叶えたい願いも解決したい悩みごともないはずだ！」と。

そうですね、確かにあなたの考える〝思い通り〟だったら順風満帆で幸せな人生を送れているはずでしょう。

でも、そうではないからこういった類の本を読んでいるんですよね？

「私には叶えたい願いがあるの。
私はお金も欲しいいし、結婚もしたい。
だから、その方法さえ教えてくれれば、それでいいの！
早く教えなさい！」

というのがあなたの〝思い〟であるなら、その通りになってるじゃないですか。

「お金が欲しい」という思いの通りに今、お金がなくて「お金が欲しい」状態に。
「結婚したい」という思いの通りに今、結婚できなくて「結婚したい」状態に。

そう。今、あなたが思っている〝思い〟とは自分の人生で足りない部分です。

例えば、温泉旅行にやって来た人が
「ああ、温泉に行きたいなぁ」

って温泉に浸かりながら言ったらどうですか？

きっとあなたは教えてあげるでしょう？

「ちょっとちょっと。あなた、もう温泉に入ってますよ」って。

そんなふうにして実は、僕たち人間って、

・すでに行っていること
・すでに叶っていること

に対してはわざわざ【意識】はしません。

逆に人がつい【意識】してしまうのは自分の中で足りない部分です。

あなたが呼吸をしていること、
まばたきをしていること、
手足を自由に動かしていること、
などは、普段【意識】していませんよね。

つまり、認識していないけれども、生きるために必要なすべてのこと（呼吸やまばたきや鼓動など）はもうすでに満たされているんです。

満たされている（叶っている）ということはもう一度言いますが、わざわざ【意識】に上がってきません。もっと言えば、【無意識】でそれらの行動全てをやっているから自分で【意識しない限り】は思い出すこともないのです。

「でも、無意識のうちに不満や不足が浮かび上がってくるから仕方がないじゃない。今、【意識】しちゃったんだから、外側からアプローチして私が何とかしなくちゃいけない。だからこういった本を読んでるのよ！」

はい。そんなあなたの考えこそが、そもそも悩みや願いを解決するのをこじらせていると気付くことが大事です。

なんとかしなきゃいけないのは、外側にある「何か」じゃない。

あなたの内側にある【意識】の使い方です。

あなたは今、目の前に見えている世界から「お金」も「人脈」も「仕事」も「健康」も引っ張ってこよう、引き寄せてみようと思っていませんか？

「え？　お金も友達も仕事もすべて、外側から自分に向かって入ってくるものだから、当たり前じゃない！」

あなたはそう言うかもしれません。でも、よく考えてみて。

他人がお金を与えたいなと思ったり、

友達になりたいなと思ったり、

仕事を一緒にしたいな、採用したいなと思ったり、

また、病気の元となるウィルスが「この人には近寄りたくないな」と思ったりするのは、

「あなた」という人ですよね？

「あなた」を表しているのは言葉や態度や行動ですし、それらの先を辿ればあなたの【意識】から発生していることです。誰が不満たらたらの人と仲良くなりたい、お金を与えたい、仕事を共にしたい、家庭を持ちたいと思いますか？

やっぱり、**願いを叶えるために必要なのは、あなたの外側にある「願いのすべてを引き寄せるチカラ」ではありません。**

あなたの内側にある「願いを叶えるチカラ」を引き出すことなんです。

もちろんこれは何も夢や願いを持ってはいけないと言ってるのではありません。

欲も夢も願いもあっていいから、現状の不満を嘆くのではなく、**最後まで自分を諦めない人になることが大切**だと言いたいのです。

そのためには先ほどもお伝えした「あなた」を形成している、【意識】の使い方を変えることが何よりも大事です。

「でも、【意識】の使い方を変えるってなんだか難しそう……」

そう思うかもしれませんが、安心してください。実はすっごく簡単ですよ。

では、次のページから、この「【意識】の使い方を変える方法」について紹介していきましょう。

願いは突然、叶わない。
そして空中からパッカーンと
現れたりもしない！

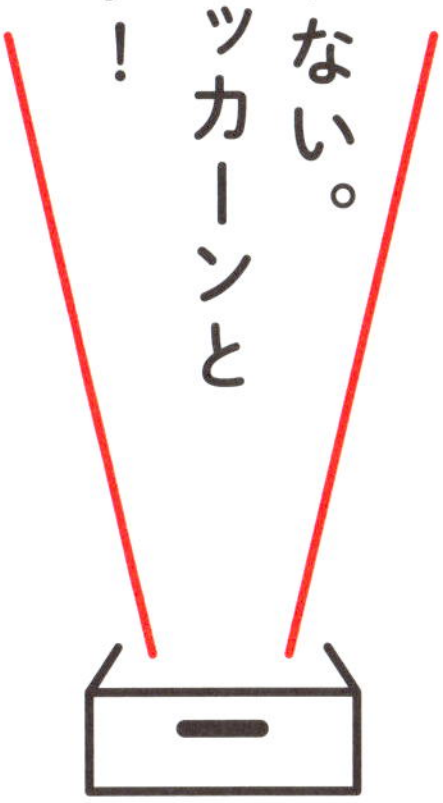

無意識に任せておけばいいのに！

——「あなた」自身を変えるために、【意識】の使い方を変える。

そのためにまずあなたがやることは【意識】と【無意識】を仲良くさせることです。

【無意識】の声、いわゆる直感や閃きといったものは、どんな人も一度は経験したことがあるはずです（頭の上に電気が点く、あれです）。

ただ、そのような直感がせっかく浮かんだとしても、
「でも今すぐには無理だ…」とか、
「気のせいかもしれない」とか、
「そんなにうまくいくはずがない」と、
【意識】の声が湧き上がってきてしまい、【無意識】の声をかき消してしまうことでしょ

う。

こんなふうに【無意識】の声を【意識】が無視してしまうこと。
これこそが一番の問題となります。

裏を返せば、【意識】と【無意識】を仲良くさせるには、【無意識】の声を無視せず、耳を傾けてあげるだけでいいのです。

そして、それは「あ、あの人に電話をかけてみよう」とか、「あ、今日は電車ではなくバスを使ってみよう」とか、そういった取るに足らないと思えるようなことでもいいから、ふと浮かんだアイデアや閃きを日常から行動に移してみることです。

やる前から頭で考えていては「これは本当に無意識の声なのかな?」なんて分かりませ

ん。

何度も何度も閃いたことを行動に移していけば、あなたにとって【無意識】の声が正しいかどうか分かります。

なぜなら【無意識】の声に従って、【意識】して行動に移していけば、うまく事が運ぶことが経験則として分かるからです。

僕自身も【無意識】の声に従って行動するようにしてからは、一見失敗や遠回りしている感覚を覚える出来事も、後々、うまくいって

「あの時の失敗があったからこそ」

と思える現象が何度も起きています。

だから今では「失敗したなぁ」とか、思ってもみない出来事があっても、

「これもまたいつの日かの良いことに繋がっているのかもしれない」

と考えられるようになりました。

これは決してポジティブ思考でそう思い込もうとしているのではなくて、自分の経験則から【意識】的に思えることです。

そもそも願いも悩みも、自分ではどうすることもできないから、願ったり、悩むと言えます。

それをいつの間にか自分の【意識】のチカラだけで何とかできると思っているから苦しいんですよね。

そんなことばかりしていると不思議な矛盾が発生します。

それは【無意識】を使いこなそうとすることです。自分のチカラでは願いが叶えられないからお任せしたはずなのに……。

残念ながら、僕たちは【無意識】に働きかけることはできても〝使いこなす〟ことはできません。

それは、僕もあなたも【無意識】に〝使われる〟ほうだからです。

それなのに〝使いこなそう〟とするから【意識】と【無意識】を仲良くさせることができないのです（あなたも無理に従わされたら嫌でしょう？）。

ところが【意識】のチカラで何とかしたいのが人の常。

気になっちゃうんですよね。

そう。カサブタのように！

あなた（願い）
「傷口を早く治したいの。そして、絶対に痕は残したくないわ！」

【無意識】の声
「分かった！　治癒力に任せて、カサブタは触らないでね！　触ると治りが遅くなるし、痕も残る可能性大だよっ！」

【意識】の声
「このカサブタ、取っちゃったほうが早く治るんじゃない（サワサワ）？　取れかかってるしもう取っちゃっても痕残らないよね？　そうだよね（サワサワ）？　……**ブチっ！**」

【無意識】の声
「はぁ、やっちゃった……（ため息）」

あなた（悩み）
「痕が残っちゃった……。最悪！」

―しばらく続く！

こんなふうにして、あなたが悩みを解決するために余計なこと（疑いや不安や恐れや心配）をしていると、たとえその悩みが解決してもまた違う悩みが生まれることになるでしょう。

傷口（カサブタ）が治るまで自分に備わった治癒力を信じて余計なことをしないほうがよかったように、**願いや悩みも【無意識】のチカラを信じて余計なことさえしなければ大丈夫なはずなんです。**

そうすれば、あなたにとって最善のタイミングで、直感と閃きといった【無意識】の声がもたらされるのですから。

ところがこれもまた難しい。

「余計なことをしない」をしてしまうからです。

「疑いや不安や心配を持たないようにしよう！」と毎日あなたが考えれば考えるほど、【無意識】は〝疑い〟や〝不安〟や〝心配〟に焦点が合ってしまうのです。

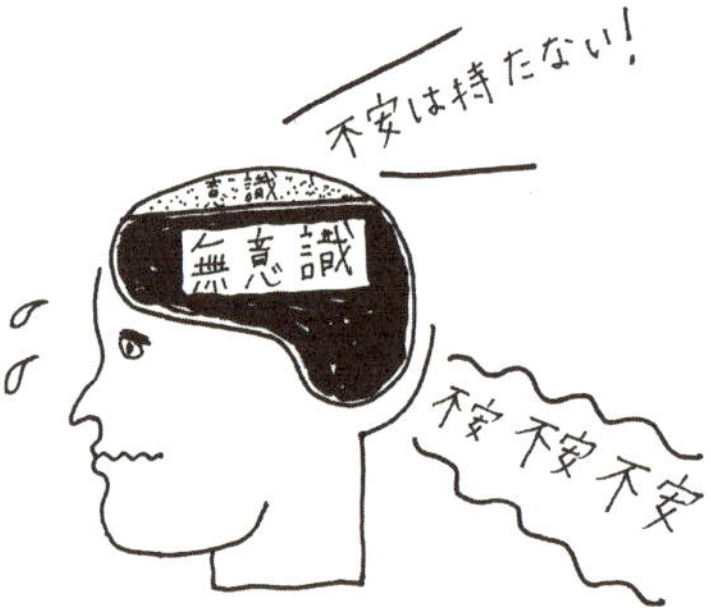

だから僕はそれを逆手に取って、〝余計なことをしないためにすればいいこと〟を考えたのです（具体的な方法は後ほどゆっくり）。

そうすればあなたも安心して思いっきり【意識】して悩めるし、【意識】して願い事を叶えようとできますしね（笑）。

僕たちって残念ながら、
余計なことをするのが大好き（泣）！

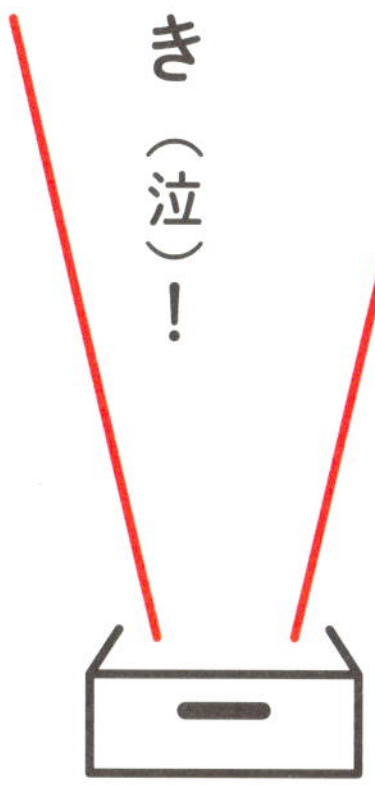

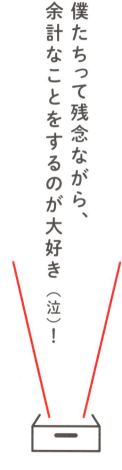

パンだったらなんでもいいや

突然ですが質問です。

今、あなたはこの本を読んでいて、本を持って支えている手のことを【意識】していましたか？

「本を持て！　本を持て！」と毎瞬、毎秒、手に指示を出していましたか？

この文章を読んでようやく手に【意識】がいったのではないでしょうか？

これは本に限らず、ご飯を食べる時も、お箸やお茶碗を持つ手のことは【意識】すらしていないでしょう。

それでも手は【無意識】に動いてあなたが食べやすいようにしてくれています。

では、次の質問です。
あなたがご飯を食べる前にしたことは何でしょう？
いちいち心の中で「茶碗を持って。箸を持って」と命令しましたか？　食べている最中も「次はサラダを食べたいから、ボウルを取って……」と【無意識】の領域に話しかけているわけじゃありませんね？

あなたがご飯を食べる前にしたことと言えば、「さあ、ご飯を食べよう」とただ〝決めた〟ことだけです。

それ以降はほぼ全自動で動かされているかのようにして体は動いてくれます。
なんてありがたいことでしょう！
命令すらしていない。ただ「こうしよう！」と決めただけなのに。

――決めること。

そこから【無意識】はあなたのために動き始めるわけです。

一度「こうしよう！」と決めたら、後はあなたがやるべきこと（つまり【意識】の役割）は1つ。**あなたが普段引き出しの中からペンを取り出すように、【無意識】と呼ばれるあらゆる可能性の詰まった領域の中から、自分に最も適した方法や願いを叶えるチカラを引き出すだけです。**

とはいえ、その方法やアイデアなどはすべて僕たちの【意識】で選べるわけじゃありません。本当は赤いペンを引き出したかったのに、青いペンを引き出してしまうことだって

あるわけです。

そのことを一番知っているのはあなたのはず。

もし【意識】して望みを叶えられるなら、あなたはとっくにやりたい仕事をやりたい方法でやって成功してるでしょうし、好きな人とすぐ付き合っているはずですからね。でも、現実は違う。

ただ、よく思い出してみてほしいんです。その時は叶わなかった願いが、しばらくして違うカタチで叶っていることってよくありませんか？

例えば、「イケメンと結婚したい！」と願ったあなたが、

⬇どこを探せど、イケメンにすら出会えない

⬇落ち込む

⬇しばらくして、ひょんなことから昔から知っていた男性と結婚する

こんなふうに過去でどうしても叶わなかった願いがまさに〝ひょんなことから〟叶う経験を誰もがしたことがあると思います。

その時って場所にしても、タイミングにしても、登場人物にしても、たくさんのぴった

りが重なっていませんか？

つまり、「あなたが【意識】している願い」と「【無意識】が望んでいる願い」は時として違う場合があるということです。

何が言いたいかと言うと、信じられないかもしれませんが、

【無意識】はいつも今のあなたにとって〝最適〟な願いを叶えているということです。

それをあなたが自分の【意識】では〝最適〟だと思えないし、自分の【意識】してる〝思い〟と違うから苦しむわけです。

「そうは言ってもやっぱり自分の思う通りに願いが叶ってほしい！」とあなたは思うでしょう。

しかし、「そう思っているから叶わないんだ」ということが理解できなければいつまでもいつまでも悩み苦しみ、悶々とした日々を過ごすことになります。

だからこそ、ちょっと怖いかもしれませんが、次の言葉をぜひ口に出して言ってみてく

ださい（それがダメならせめて心の中でも！）。

「私の思う通りにならなくてもいい。でも、私にぴったりな願いが叶えばいい」

よく考えると、僕たちの望みって「願いが叶うこと自体」ではなくて、願いが叶った後に味わう「幸せだなぁ〜」って気持ちですよね？

先ほどの「結婚」であれば、望みは「結婚すること」自体ではなくて、「結婚生活で味わえる幸福感」なはずですからね。

そう考えると、本当は「あなたが【意識】してる望み」と「現実に叶う望み」は違っても大丈夫なはずです。

だって、最終的にはどんな望みであれ、あなたにぴったりな願いが叶ったら、「幸せだなぁ〜」って思うのだから。

そういう意味での、

「私の思う通りにならなくてもいい。でも、私にぴったりな願いが叶えばいい」

です。

そう【意識】していくうちに実は願いが叶っているケースが増えていきます。**なぜならストライクゾーンを広げたからです。可能性を広げたからです。**別の表現をするなら、〝思う通り（こうなってほしい！）ではなく、望んだ通り（幸せだなぁ～）に願った〟からとも言えます。

すると「願いが叶う」ということが当たり前になっていき、あまり自分の願いや悩みに執着しなくなります。

これはパンの例えで言うなら、

「メロンパンしか食べたくないんだ！」

とあなたが思えば、チョコパンやクリームパンを目の前に出されても気に入りません。

でも、

「パンだったらなんでもいいや」

と思えば、チョコパンやクリームパンどころか、あんぱんでも食パンでも食べられただけで「美味しいなぁ〜」という幸せを感じます。

逆に**「メロンパンはメロンパンでも、外はカリカリしていて、中はしっとりとした生地**

じゃないと嫌だ！」とどんどん願いが細かくなっていくと、「〇〇じゃなきゃ嫌だ」と〝嫌だ〟の部分に焦点が当たりやすくなります。

メロンパンを望んでいるように見えて、「こんなメロンパンは嫌だ」が【無意識】にはインプットされてしまうということです。

だから、最初は抵抗があるかもしれないけど、「この願いじゃなきゃダメ」ではなくて、「私にとってぴったりな願いが叶えばいい」という言葉をかけてあげてみてください。

開き直った時や、執着を分散させた時にかえって願いが叶いやすくなるのはこういう理由なんです。

つまり、ストライクゾーンを広げたから叶いやすくなったと感じているだけのことです。元々、〝願いが叶う〟可能性はあったということ。本当はあなたがそこに気づけるかどうかだけです。

そのためにもぴったりな願いを持つことが望んだ通りの人生に近づく第一歩かもしれませんね。

僕の好きな食べ物ですか？

ん〜……「食べ物全般」です！

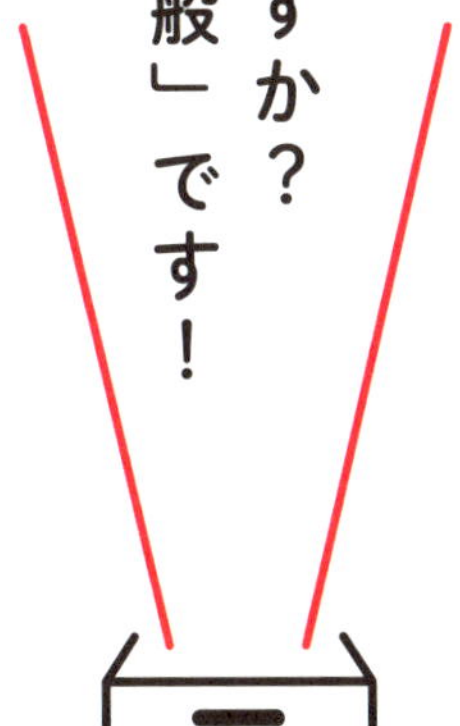

運の良い人と悪い人の違いってなんだろう？

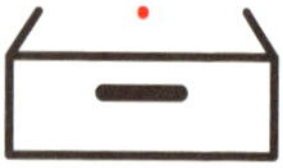

世の中には運の良い人と運の悪い人というのがいますが、その違いは一体何でしょう？

生まれ持った才能？

努力の量？

意志の強さ？

何度失敗しても諦めない精神力？

僕たちはみんな幼稚園（保育園）、小学校、中学校、高校、大学といったようなルートを誰もが通ってきていて（もちろん中学校以上は個人によって違うけど）、みんな同じように勉強をしてきて、社会に出てからもみんな同じように仕事をして生活をしています。

それなのになぜ人はこうも違ってくるのでしょう？

その違いを簡潔に言えば、

運の良い人はどんなことにしてもそうですが、**その物事の仕組みがきちんと理解できている人です。**

運の悪い人はどんなことにしてもそうですが、**その物事の仕組みを理解しようともしない人です。**

例えば、あなたが英語の勉強をしていたとしましょう。

英単語を覚えたり、

英会話教室に通ったり、

教材を買ってCDを聞いたり、

色々勉強や努力を重ねるのはとてもすばらしいことです。

でも、それで本当に話せるようになるかと言ったら……

とても時間と根気が必要ですよね。

実は、運の悪い人はこういうやり方をしてしまう人です（ギクっ！っとした人。そうあなたのことです）。

運の良い人は、やみくもに勉強を始めたりはしません。

「まず自分が英語を使って何をしたいのか？」

「どういう自分で在りたいのか？」

を意図します。

だってゴールは「自分が英語を使って〝どうしたいのか〟」であって、「英語を勉強すること」自体ではありませんからね。

だからこそ、運が良い人は、どのルートを辿れば最短でそうなれるのかを考えます。究極を言えば、「英語さえ話せれば、勉強なんていらない！」とすら考えているわけです(笑)。

勉強なんてすっとばして、さっさとアメリカに行くことだってありますし、英語しか話せない人を恋人にする可能性だってあります。

〝英語を覚えたければ英語しか話せない（外国人の）恋人を作れ〟というのはあながち間違いじゃないのです。

恋人となれば特に相手のことをもっと知りたいし、自分の気持ちをもっと正確に伝えたいから、自然と（覚えようとしなくても）話せるようになってきます。

これらすべて、語学習得の仕組みをきちんと理解しているからこその行動です。

もしかしたら「英語を習得しなくても、バイリンガルの人と一緒にいれば、自分のやりたいことを世界に伝えられるじゃん！」と考える人もいるかもしれません。

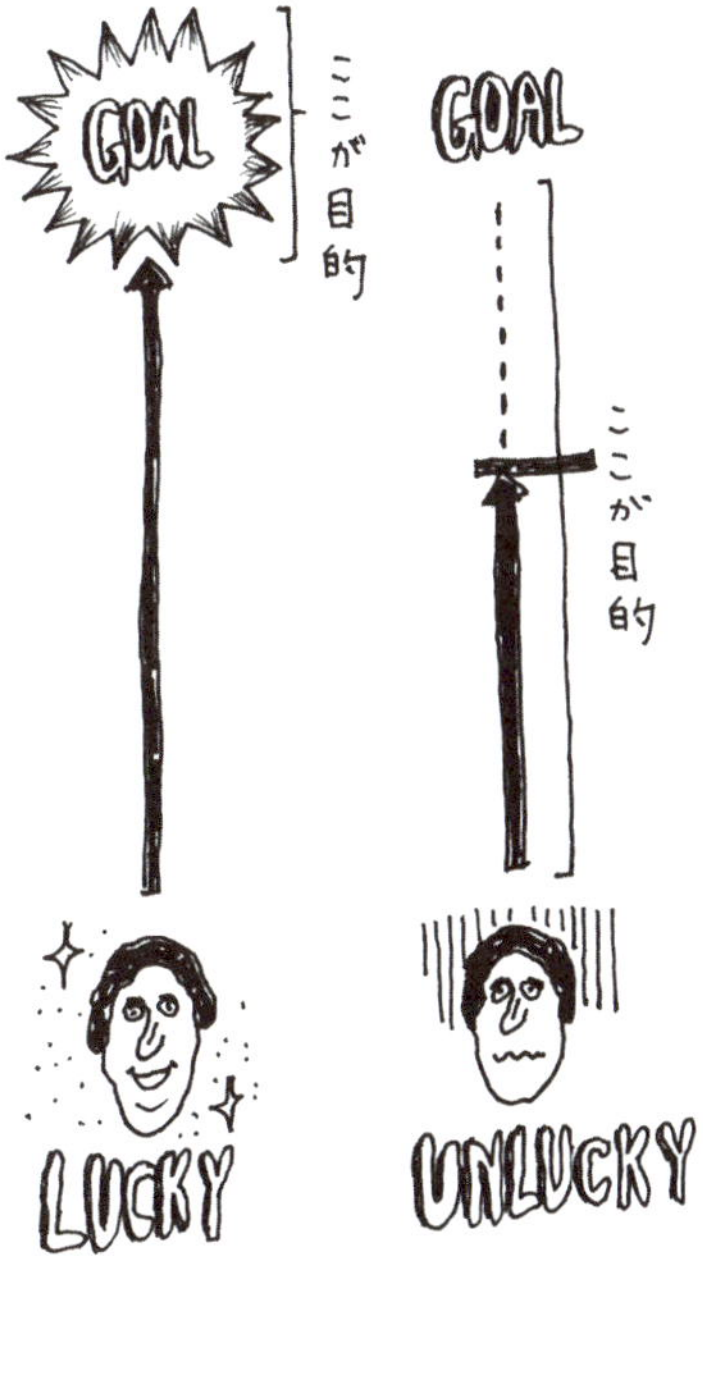

とにかく英語にしてもダイエットにしても、仕事にしたって、仕組みを「知る」のと

「知らない」のとでは効率が違ってきます。

それなのに、運の悪い人（仕組みを理解しようともしない人）は、自分に原因があるのに、「運」のせいにしたりするんです。

でもここまで「運の良い人」と「運の悪い人」についてといてあれなんですが……

そもそも「運」というものはないのかもしれません。

いわゆる「運が良い人」というのは、あらゆる可能性に〝気づけて〟、その可能性を〝選択できる（解釈できる）〟人なのではないかと思うんです。

つまり、「こういうやり方もあったな」とか「ああいう考え方もあったな」と、悩みや願望実現の突破口となる可能性に〝気づけて〟、それを〝行動に移せる（解釈を変えられる）〟人です。

そして、この「気づく」というのは【無意識】の領域が教えてくれるもの。物事に「あ！」と気づくのは【意識】ではできないはずですからね（意識でできたら「あ！」とは言わないものね）。

閃きや直感といったものもそうですが、何かに気づく時はいつだって【無意識】の働きがあってこそ。

だから、あなたにできることは【意識】で【無意識】の領域に「自分にとって必要な情報はどうすれば手に入れられるの？」ということを問いかけることです。

さらに、「行動する（解釈する）」というのは、自分にとってその出来事が幸せなのか、不幸なのかをあなた自身で選ぶということです。

例えば、雨が降ってきた時に、「車が汚れちゃうなぁ」って思う人もいれば、「あ、汚れが落ちてラッキー！」と思う人もいます。

そんなふうにして、同じ現象でも解釈1つ、選択1つであなたにとっての出来事が変わってきます。

そういう理由で、「運」というのはあってないようなものです。

むしろ、何てことのない出来事を「これは自分にとっては幸運な出来事かもしれない」と気づける人が運の良い人だと言えるし、そういう人であれば悩みであっても、願いであっても、道を拓く可能性に気づけるはずです。

おみくじを引いたら「大吉」より
確率の低い「大凶」だった！
これってラッキーかも♪

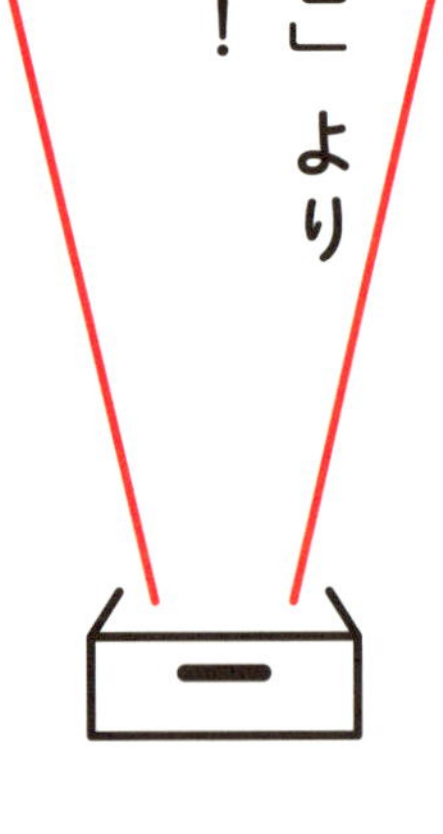

「やり方」ではなく「考え方」を見つける

あなたが願いを叶えたいとか悩みを解決したい時、具体的にどんな解決方法を実践していますか？

本を読む？

セミナーや講演会に出かける？

書店に行けば「悩みが消えるホニャララ」といった本がたくさんあり、セミナーを調べれば「やる気が湧いてくるホニャララ」といったモノがあったりしますもんね。

そして、本にしてもセミナーにしてみても、読んだ後、参加した後は、効果があるでしょう。

でも、その効果が長続きしなかったり、すぐに熱が冷めてしまったりしていませんか？

1日目「うおーーー！　願望が叶う気がする！　実践！　実践！」

1週間後「……やっぱりあの人と私は、そもそもの〝作り〟が違うのかしら？」

2週間後「あれ？　私、なんの本読んで（セミナー参加して）たんだっけ？」

……きっと心当たりある方がたくさんいると思います（ギクっ！っとした人。そうあなたのことですPART2）。

実はこれ、ちゃんとした理由があります。

うまくいかない人はすべて、本やセミナー講師の〝やり方〟を真似しているからです。

あなたに合った〝やり方〟はあなたにしか分かりません。

つまり、本に書いてあることもセミナーなどで教えてもらうことも全ての人にとって合う〝やり方〟ではないから、結果が出ないとあなたはいつもの自分に戻ってしまうのです。

それよりももっと大事なのは、〝やり方〟を真似ることではなく、〝考え方〟を真似ることです。

野球選手を目指している子どもが、イチロー選手に憧れていたとします。

だからと言って、イチロー選手と同じ練習をして、同じ食生活を送れば、この少年はイチロー選手のようになれるでしょうか？

そんなことでなれるんだったら、僕も今頃イチロー選手になっているはずです（カッキーン！）。

つまり、重要なのは、イチロー選手の「練習」や「食生活」を真似することではない、ということ。

大切なのは、イチロー選手が、

「その練習をどういう考えで取り入れているのか」

「どういう気持ちでグラブを磨いているのか」

「なぜ誰よりも早く球場に入って準備をするのか」

という〝考え方〟の部分です。

もちろんイチロー選手がどう考えているかは本人にしか分かりませんが、それでも推し量ることはできます。

グラブやバットを自分で手入れして大切にするのは「物を大事にするという視点だけでなく、それを作った職人への尊敬心から」でしょうし、

ヒットを打った時にベース上で彼がガッツポーズをしないのも「相手選手に失礼だと考

える、それも尊敬心から」でしょう。

野球を通して、人・モノに尊敬するということは自分が謙虚であり続ける必要があり、その根底には常に「向上したい（だから、きつい練習もこなせるし、行動に移せる）」という考えが流れているからだと僕自身は考えます。

少なくともこういった考え方を真似しない限りは、イチロー選手のような成績を残す選手にはなれないというわけです。

それと同じで、

「〇〇をしたらお金が入ってきました」とか、

「〇〇をしたら病気が治りました」とか、

「〇〇をしたら好きな人と結ばれました」

という方法（やり方）を真似しても、あなたにそれが合うかどうかは分からないし、それが違う願いや悩みにも応用できるかと言ったらそうとは限りません。

それよりも、成功してる人や、あなたが憧れている人、人生を謳歌している人たちが、

どういう考えを持って、

その方法を取り入れているのか、
行動に移しているのか、
という部分に目を向けてみるようにしてみてください。

そして、どうすればうまくいくのだろう？　という〝考え方〟を真似したり、見つけることができたなら、どんな問題にも応用ができきます。

ですから、次の章からお伝えする「【意識】のチカラで【無意識】のチカラを引き出す方法」も、ただただ真似をしてほしいわけではありません。

どのようにすれば自分にとって一番【無意識】と仲良くできて、なおかつ最大限のチカラを引き出すことができるのだろう？　という〝考え方〟の部分を見つけてほしいのです。

そして、その〝考え方〟を自分のものにした時、ようやくこの自己啓発の世界から卒業できることでしょう。

あなたの【無意識】は、外の世界に存在する人や方法やモノに頼ったり、依存したりすることなく、自分の内側にそのチカラがあることをいつも教えようとしています。

その1つが直感や「ふと思った」というような感覚です。

【無意識】は確信を持って、あなたがチカラを引き出してくれるその日が来るのを心待ちにしています。

そのためにも【意識】をもっともっと内側に向けてみませんか？

あなたが想像している以上にあなたの内側にチカラはあるのだから。

〝やり方〟ではなく〝考え方〟を真似しよう。

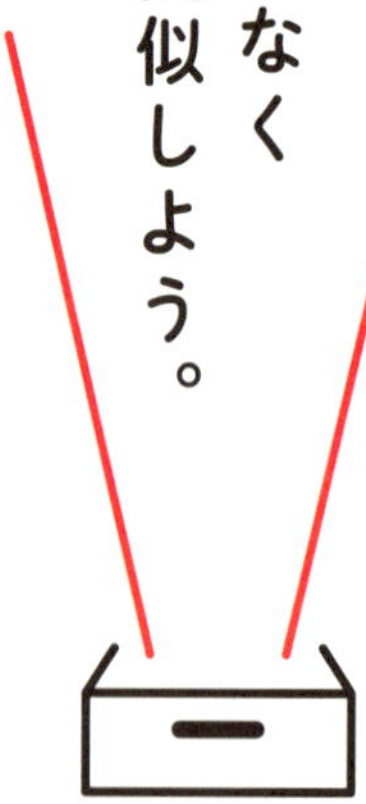

無意識のチカラを引き出すためにするべきたった1つのこと

何度も言うように、どんな悩みも願いも【無意識】のチカラを引き出せば、あなたにとって幸せな方向へと導かれます。

そして、【無意識】のチカラを引き出すのに必要なことは突き詰めれば、実はたった1つなんです。

それは〝あなたの頑張りをやめること〟です。

勘違いしてほしくないのは、頑張りをやめるとは、
今やってる仕事を辞めたり、
家事を一切しないとか、

勉強をしないとか、
ただダラダラと過ごすとか、
そういうことではもちろんありません。

僕の言う頑張りをやめるとは、
余計にあれこれ考え過ぎないとか、
答えの出ないことに対して時間をかけて悩まないとか、
過去のことを後悔したり、将来の心配をしたりして不安にならないとか、
そういったことです。

つまり、それは『(今この瞬間に)集中』と『リラックス』しかありません。
でも、これらができてたら、とっくにあなたはもうこんな本を読んでないと思います(ですよね?)。
あっけらかんと生きていられるならどれだけ幸せなことか(ですよね?)。

それを繊細に生まれちゃったばかりに、ねぇ?
「悩むな」と言われても悩んでしまうのが僕であり、あなたです(僕たち「か弱い一族」)。

そこで僕たちがやるべきなのは、無理やり頑張りをやめるのではなくて、【意識】のチカラをうまく使って頑張りをやめることです。

そうすれば【無意識】はあなたがチカラを引き出そうと思わなくたって、あなたのためにいいアイデアを思いつかせたり、行動に移せる前向きな気持ちに導いてくれます。

もう一度言います。

あなたがやることは、【無意識】のチカラを引き出すことそのものではなく、【意識】でやっている頑張りをやめることです。

【無意識】のチカラを使いこなそうとするのではなく、働きかける。

そういった考え方が【無意識】のチカラを引き出すために最も大切なこと。それが頑張りをやめることにも繋がってきます。

そのために、あなたの【意識】のチカラでできること、
〝口に出す言葉〟、
〝体を使った動き〟、
〝新しい可能性を見つけ出す思考〟
をメソッドとして次の2章からお伝えしていきます。

過去の後悔や未来の不安を払拭して、今やっていることに集中していれば、自然と【無意識】のチカラは引き出されていきます。

悲しいかな、あなたの頑張りは【無意識】にとって邪魔モノ以外のなにものでもないのですから（笑）。

口に出して、動き出して、見つけ出し、
無意識のチカラを引き出そう！

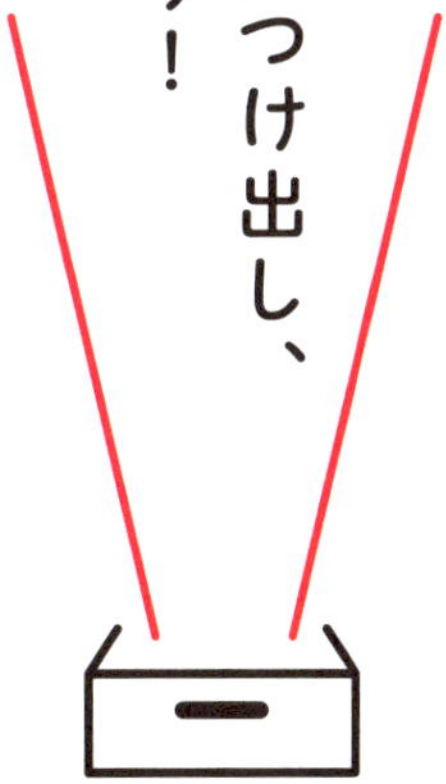

第2章

口に出す

あらゆるトラブルを引き起こす5文字の言葉

僕たちが【意識】のチカラを使って【無意識】のチカラを引き出すために今からでも簡単にできること。

それは〝言葉〟の使い方です。

「鶴の一声」
「口は災いの元」
「嘘つきは泥棒の始まり」

これらのことわざも示す通り、言葉1つで、
目の前の人の心を軽くしたり、
傷つけたり、

励ましたりすることができます。

「言葉の暴力」って言葉もありますしね……。

それぐらい言葉にはチカラがあることを誰もが分かっているはずなのに、**実は多くの人が自分自身に対して向ける言葉には案外、無頓着で意識すらしてないことがよくあります。**

ここ最近、あなたは自分に対して言葉で褒めたり、励ましたり、勇気づけたりしたことはありますか（俺、かっこいい！　俺、かっこいい！　※例です）？

反対に、自分自身を責めたり、落ち込ませたり、弱音や愚痴を吐いたりしたことはありますか（俺、ダサイ！　俺、ダサイ！　※例です）？

どちらの比率のほうが高いでしょう。

もしかしたら後者があなたにとっては習慣になっているかもしれませんね。

「自分って本当にいつもダメだなぁ。そんな自分が嫌になるよ」
「なぜいつもうまくいかないんだろう。私って生きてる価値がないのかなぁ」

「なかなか変われない自分が本当に嫌い」

1章でもお伝えしたように、自分に対して徹底的にいじめておいて、いざ「こんな苦しみから逃れたいし、【無意識】のチカラで何とかなればなぁ」と思ったって、【無意識】は働いてくれるはずがありません。

愛犬の散歩を毎日サボってばかりで、かわいがりもしないのに、

「さあ、こっちにおいで！」

と突然言ったって、いくら飼い主に従順な犬でも懐かないのと同じことです。

思い込みを作るのも、自信を与えるも奪うも、人の心を生かすも殺すも、やっぱりすべては言葉から始まります。

そして当たり前かもしれませんが、誰よりもあなたが自分の言葉を聞いています。他人に言ったこともそうですが、頭の中のおしゃべりも【無意識】はいつも聞いているのです。

だから、まずは【無意識】のチカラを引き出すには「口に出す言葉」でアプローチしていくことが大事です。

その上で、今あなたが何をやってもうまくいかないとか、
悩んだり、
葛藤したり、
苦しんだりしているなら、
日常的に次の5文字を口に出していないかをまず確認してもらいたいと思います。

「わ・か・ら・な・い」

そう「分からない」です。

「この先、うまくいくか**分からない**」

「なぜこんなことになったのだろう。**分からない**なぁ」

「私に価値があるか**分からない**」

「言ってることが**分からない**」

「もうこれからどうすればいいか**分からない**」

「どうして私はダメなんだろう。**分からない**」


このたった5文字で、あなたの可能性はとことん潰れていきます。


僕が20代の頃、引きこもっていた時期や鬱の状態になっていた時があります。そして、その時やはり頭の中で何度も何度も繰り返していた言葉がこの「分からない」でした。

でも本当は「分からない」なんてことなかったんです。

僕はどうすればいいのか「知らない」だけでした。

「知らない」ことは調べたり学べば身につきます。それを「分からない」で済ませてしまうと、そこで思考はストップして、行動に移すこともせず【無意識】にも「これ以上、働かなくていいよ」と言ってることになってしまいます。

あなたの【意識】で判断できなくて分からなくても、【無意識】の領域にはすべての可能性が眠っています。

例えば目を閉じて「赤、赤、赤」と頭の中で3回ほど唱えてみてください。

その上で、目を開けて辺りを見回すと【赤いもの】が目に飛び込んできたり、意識して見えるようになるはずです。

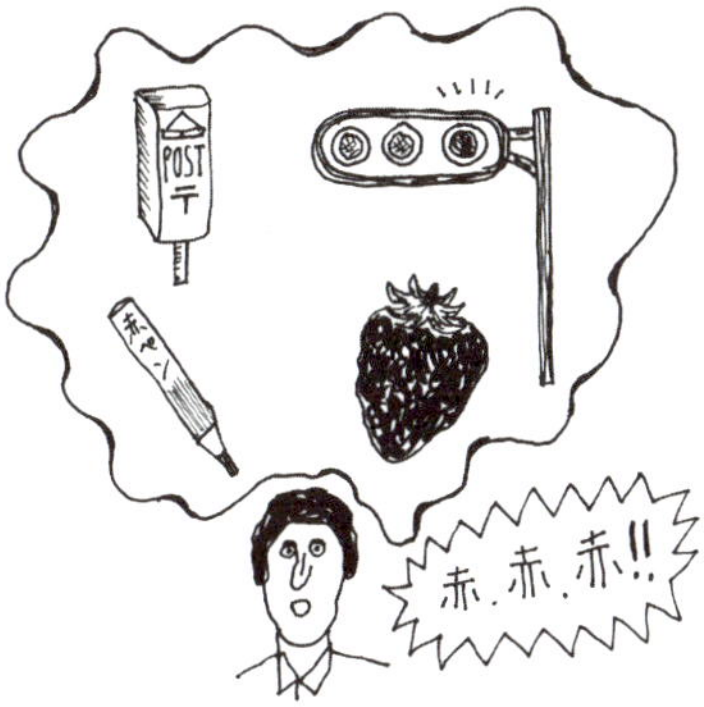

つまり、もともとあったのに、ただあなたが気づいていなかっただけ。

最初からそこにあったものを「赤、赤、赤」と唱えたことで、【無意識】のチカラを引き出して見つけたのです。

これと同じように、**「分からない」という言葉を何度も何度も口に出したり、頭の中でつぶやけば【無意識】はあなたに〝答えが分からない世界〟を見せることになりますよね。**

あなたが悩みに対して不安に襲われたり、
極度に心配性になったり、
恐れが出てくるのは、
迷子になっているからです。
ゴールが分か・ら・な・い・からです。
そして、他にも可能性があることを「知らない」からです。
「分からない」ということは、あなたがそこで成長を止めてしまっても構わないということを意味しています。

「知らない」ということは、あなたがまだまだ成長できる余地があるということでもあります。

【無意識】のチカラを引き出す前にまずあなたに確認してほしかったこと。

それは自分にどういった言葉をかけているかです。

何も自分を溺愛するぐらい褒めたり、認めてあげるような言葉をかけてください、と言っているわけではありません。

自分をいじめるような言葉で責めたり、やる前から可能性を潰すような言葉は言わないでほしいのです。

なぜか？【無意識】はいつでもあなたの味方だからです。

あなたを助けようと、幸せにしたいと思って働いてくれます。

それなのに、あなたがその差し伸べられた手を拒否していること。

【無意識】と仲良くしようとしなかったのはあなたのほうだったと、そこに問題があったのだということに気づいてもらえたら一歩先へ進めます。

【無意識】があなたを裏切ってきたわけでも、チカラを発揮しなかったわけでもありません。

今までうまくいかなかったのは、あなたが1人で勝手に拗ねていただけですよ。

ケイン・コスギと無意識は
いつでもあなたに手を差し伸べています。
ファイト一発！

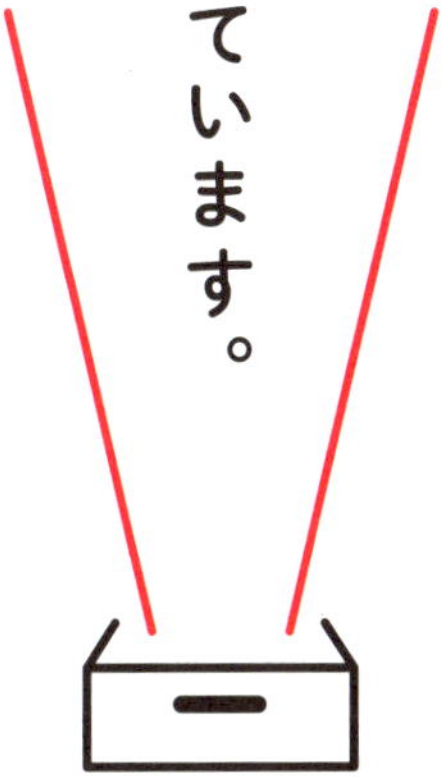

すでにそうだったんだ！

さて、自分をいじめるような言葉や、可能性を自ら潰してしまう言葉に気をつけるようにしたら、いよいよ【無意識】からチカラを引き出すための言葉を言ってみましょう。

くれぐれも言っておきますが、今からお伝えする言葉を口に出しても、「分からない」を連発してると効果がまったくありませんからね。

どこまでいってもまず大事なのは【意識】と【無意識】に仲良くコンビで動いてもらうことです。

口に出すメソッド①：思い出すメソッド

●やり方

1 解決したい悩みや、こうなったらいいなと思う望みに対して語尾に「思い出す」をつける。

例：裕福である自分を思い出す。

美しいスタイルであることを思い出す。

人を惹きつける魅力があることを思い出す。

元気いっぱいであることを思い出す。

人生は楽しくてすばらしいと思い出す。

明るい自分を思い出す。

周りの人から愛されていることを思い出す。

2 「思い出す」ということは【無意識】の領域にはその状態が「ある（存在している）」ということ。前提として「ある」のだから、その言葉を言った時に「ふと」閃いた方法を試したり、できることはすぐに行動に移す。

3 7日間、続けてみる。

部屋を出かける時に限って鍵が見当たらないことってありませんか？　そしてその時あなたは、「どこに置いたかな？」って必死に思い出そうとしますよね？

この「思い出す」ということは〝元々どこに置いたのか〟が、頭の中になかったら「思い出す」ことさえできません。

元々「在る」から「思い出す」ことができるわけです。

これと同じ要領で、「思い出す」という言葉を口に出すことによって、あなたの【意識】

のチカラで【無意識】に向かって

「元々その状態が存在する」

という前提を引き出すようにすればいいのです。

そうすれば、【無意識】の領域に眠っているデータから理想の状態になるための方法やアイデアなどが思い浮かぶでしょう。

あとはそれを行動に移すだけですが、自分のできる範囲からやっていくことが大切です。

そのあたりは後述しますが、**とにかくスピードが大切です。**「思い出す」と言った後に「ふと」浮かんだ考えをすぐにやってみてください。

「裕福であることを思い出す」と言って、すぐに〝資産運用〟というキーワードが出てきたとして、それをすぐにできる経済的余裕がなくても、

その資産を捻出しようと支出を見直す、

資産運用について学ぶ、

わずかなお金でも投資できるモノを調べてみる、

など今すぐにでもとれる行動があるはずです。そうやって湧いてきたアイデアを見逃さ

ないでください。

湧いたアイデアも時間が経てば経つほど、損得勘定が入って、行動する勇気が出なくなるものですから。

また、「裕福になりたい」とか「美しくなりたい」という言葉は確かに前向きにも聞こえますが、その前提にあるのは「今、貧乏だもんなぁ」、「今、太っているもんなぁ」というネガティブな状態です。

お金持ちの人が「お金持ちになりたい」とは言いませんよね？　すでにその状態にあると【意識】すらしないのです。

でも、現状お金持ちではないあなたは願いを叶えたいから何か良い言葉を探している。かと言って、よく自己啓発書で書かれている先に宣言してしまう方法＝「私はお金持ちです！」と言ったって、心の奥で「そんなことあるかいっ！　この私のどこがお金持ちよ！」という声が聞こえてくるはずです（給料日前で厳しいのに……ねぇ？）。

そんな時に「思い出す」という言葉なら使いやすいと思いませんか？

もちろん、この言葉を言ったからといってすぐにお金持ちになれたり、病気が治ったり、家族仲が良くなったり、素敵なパートナーと出会えたりするわけではありません。

当然、それに伴った行動をして初めて結果がついてきます。

言葉は車で言うならば、エンジンをかけるに過ぎないのです。

でも逆に、エンジンをかけなければ、どれだけアクセルを踏もうと、ハンドルを切ろうとも、前にも後ろにも進んだりはしません（もしエンジンもかかってないのに進んでたとしたら、それは幽霊の仕業です。確実に）。

だからこそ、言葉のチカラを使って、あなたの【無意識】にまずはエンジンをかけさせるのです。


でも、ただ闇雲に何かポジティブな言葉を言えばいいわけではありません。

よく言われるポジティブな言葉（「ツイてる！」「感謝しています！」など）を言っても抵抗が強い人だっています。

ずっとずっと毎日そういった言葉を繰り返し言えるだけの根気がない人だっています。

僕もそうだったからそういう人たちの気持ちがよく分かります。


電車が遅れていたら「遅刻しそうだったからラッキー！」と解釈しようとするのが今までの自己啓発だったり、スピリチュアルな世界だったりします。

でも、現実問題、この本を読んでるあなたはそんなこと思えないでしょう？（僕なら思えません！）

……うん。思えていたらもうこのような本を読んでないと思います（笑）。

僕が今こうしてあなたのために本を書いているのは、今までの自己啓発本や精神世界について学んできたことがなかなか現実に生かせない経験があるからです。

「あぁ、20代の頃こんな本に出会えてればなぁ」。そう思いながら書いたのがこの本なんです（笑）。

ちなみに20代の僕は……

自分にとって不都合に見える出来事も「ラッキー！」と解釈することが一番良いことは確かによく分かってる。

⬇でも、そうできないまだ未熟な自分がいることも知っている。

⬇とはいえ、最終的にはどんな最悪に見える出来事も「ラッキー！」と思えるようになるためにどうすればいいかが分からない。

⬇余計、落ち込む。

この繰り返し。もしかしたらこの本を読んでいるあなたも僕と同じ思いをしているかもしれません。

だからまずはお試しに7日間、このメソッドを実践してみてください。当然、行動も伴っていくとより良いです。

なぜ〝7日間〟なのか。くわしくは前著『無意識はいつも正しい』を見てもらうとして、簡単に言うと〝7〟という数字は、

・1週間が7日間
・ドレミの音階も7音
・体の細胞が入れ替わるのも7年周期

というようにして、**ぐるっと一周回るもの（循環していくもの）は〝7〟という数字がまつわっているからです。**

だから、継続するのもまずはひと回りの7日間をめどに実践してみてください。もちろ

ん続くなら7日間にこだわらず、ずっと続けてくださいね。「習慣」になることが何より

も大切なのですから。

では、この「思い出す」にはどういうチカラを【無意識】から引き出しているのか。

それは「すでにそうである人」のイメージです。

例えばお金持ちであれば、「お金持ちだなぁ」って思うような人はだいたい固定化されて

いるはずです。

- **いつも余裕が感じられ、表情は穏やか**
- **車の運転も落ち着いていて、急発進や無理な割り込みをしない**
- **お金を支払う時もレジにいる店員さんに「ありがとう」と感謝の気持ちを伝える**
- **安いから買うのではなく、自分が本当に欲しいものだけを買う**
- **言葉遣いが丁寧**
- **身なりも部屋も清潔さを保っている**

など「ザ・お金持ち」に対してたくさんのイメージがあると思います（「前歯が全部、金歯」はあえて外しました）。

「いや、お金持ちにもヒドイ奴がいるぞ。挨拶もろくにしないし、人を見下したり、偉そうな態度をとる奴もいる」と言う人もいるかもしれません。

もちろん実際に中にはそういった人もいることでしょう。

ただ、ここで大事にしていただきたいイメージは「お金持ちがどんな存在か」ではな

く、あなたがお金持ちになったとして、

〝そう在りたいのかどうか〟

〝その情報はあなたにとって必要か不要かどうか〟

だけです。なので、ネガティブに感じている部分ではなく、自分が一番そう在りたい姿を想像してみてくださいね。


そうしてどう在りたいかをイメージすることが、「すでにそうである人」がどういう〝考え方〟をして行動するのだろうという姿勢を引き出し、**【意識】して自分の言動を振り返るいい機会になります。**

さらに【意識】してそのような行動を取り、なぜお金持ちの人はこういう行動をするのだろう？　という〝考え方〟を見つけることができれば、それこそあなたにとってこれからの大きな財産になります（さっきのイチローみたいにね）。

何度も言いますが、イメージで湧いてきた姿勢や行動

を実際に取らなければ意味がありません。

自分は「経済的にも精神的にも裕福」でありたいのに、今やっていることはそれに適しているだろうか？　と考えてどれか1つでも自分ができることから行動することが大事なのです。

逆にもし「まあ、別にやらなくてもいっか」と思ってしまうなら、あなたにとってそれは本当の望みじゃないのかもしれません（これはこれである意味、収穫です）。

「美しいスタイルであることを思い出す！」と言っておいて、夜中にポテトチップスを食べて、体を冷やすジュースを飲んでいる自分が果たしてそうなれると思いますか？

「思い出す」という言葉で、あなたにとって本当にそれを望んでいるかどうか、そして、その望みのイメージが明確になっているかを引き出せば、そこからやるべき行動も必ず見えてきます。

本を読むだけでは成功しないように、行動してこそそのやり方や考え方が自分に合っているか、間違っているかが分かります。

初めのはじめの第一歩を踏み出したいあなた。まずは「思い出す」という言葉を使ってみてくださいね。

僕たちにはすでに
すごいチカラがあったことを
思い出そう！

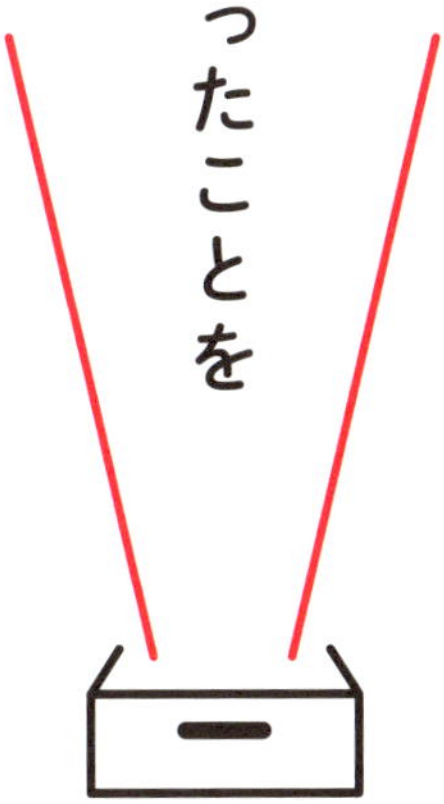

無意識だった語尾を意識しよう

「思い出す」という言葉を使って、何か1つでも行動に移すことができたなら。

それだけでも今までの自分からしたら大きな一歩を踏み出せたわけですから、日々の生活において大きな変化がなくとも、ぜひ自分を認めてあげてほしいと思います。

今までのあなたは何か成果を挙げたり、結果が目に見えて現れなければ「自分を認めない！」という姿勢をとっていたかもしれません。

それに、動くことさえしなかったかもしれないし、悩んでいることや願いごとについてあれこれ考えるだけだったかもしれない。

そんなあなたが1つでも行動に移すことができたのだから、本当は大いにその成果を認め、褒めてあげるべきなんです。

あなたが自転車に初めて乗った時を思い出してみてください。ペダルを漕いで2〜3メートル進んだだけでも親に褒められたはずです。それは「乗れた」とは言うには程遠いにも関わらず。

こんなふうに親が子どもを褒めるのは、小さな自信をつけることで、次こそは「いけるかもしれない」という行動力や勇気に繫げてほしいからです。

では、あなたに小さな自信をつけさせるためには誰があなたに声をかけてあげればいいと思いますか？

この章の初めにも言ったように……

あなたの内側の言葉を聞いているのは、あなただけです。

だから、自分を責めるのも、自信を持たせることができるのもあなただけです。

ぜひ、自転車に乗れた子どもを褒める親のように、行動できたあなたをあなた自身が認めてあげてください。褒めてあげてください。

とは言っても、どうしても自分で自分を褒めるのって簡単なことではありません。

愚痴っぽくなってしまう時もあるでしょう。

弱音を吐きたい時もあるでしょう。

そこで、愚痴や弱音はそのまま。その言葉の語尾を【意識】して上げることで、【無意識】にネガティブな言葉を無力化させるチカラを引き出してみましょう。

口に出すメソッド②：アゲアゲメソッド

●やり方

愚痴や弱音や悪口を言いたくなったら、語尾を少しだけ上げるようにしてみる。

例：「疲れたなぁ⤴」
「ダメかもしれないなぁ⤴」
「バカやろう⤴」
「最悪だ⤴」

ネガティブな言葉を言ってる時って、必ず語尾が下がってるはずです。当たり前ですよね？　**明るく「バカやろう♪」なんて言うはずはないんですから（海に向かって叫ぶ青春恋愛ドラマじゃあるまいし）。**

失恋した時や落ち込んでいる時に静かな曲や暗い曲調のものを聞くと、気分も同調して沈み込みますよね。それと同じように、言葉も音でできていますから語尾が下がると、そのリズムに同調して気分も滅入ってきます。

でも、じゃあネガティブな言葉をやめましょう！　と言われて簡単にやめられるかと言えば……

そんな簡単なわけありません。

だからこそ、このメソッドを試してみてほしいのです。

このメソッドなら気持ちを無理に前向きにしたり、ポジティブな言葉を言う必要はありません。

そして、違う言葉に言い換えたりする必要もありません。

もうそれだけで気分的に楽ですよね（笑）。いつもと同じように弱音を吐いたり、愚痴っぽくなってもいいんですから。

ただただ、語尾を少しだけ上げてみる。

まるでお笑い芸人・スギちゃんの「ワイルドだろ～⤴」になったつもりで（もちろん実際

にワイルドになる必要はありませんからね）！

かと言って、無理に明るい気持ちで上げる必要はありません。ただ、語尾の音を上げればいいんです。

なぜなら、僕たちの【無意識】はいつも【意識】の終着点を現象化して見せてくれるからです。

「彼はカッコイイけど、チャラチャラしてそうだね」

と聞いた時、あなたの彼に対する印象はきっと「チャラチャラしてそうだね」が残ったはずです。

こんなふうにして、いつだって最後の言葉や、最後に思ったことが印象として強く残ります。その【無意識】の働きを利用して、語尾（言葉の最後）を上げてみるのです。

そうすればあなたの【意識】ではネガティブな言葉を言ってるようでも【無意識】には「トーンが上がってるってことは明るい気持ちを引き出せばいいんだな」と思ってくれますから。

だからどうぞ、「ちょっと愚痴を言いたくなったなぁ」って思った時は言葉の最後の音だけを上に上げてみてください。

自分のバカやろう⤴

あれ？　これって褒め言葉？

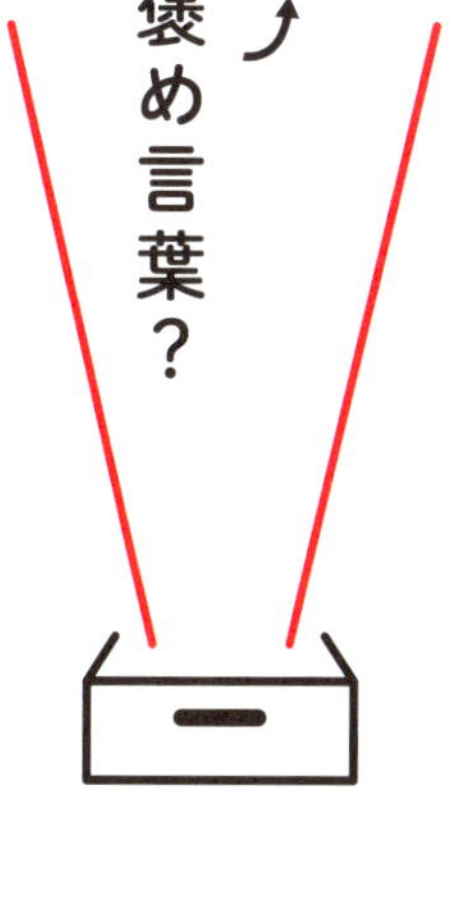

想定外はすべて想定内

アゲアゲメソッドに付け加えて、次の言葉のメソッドを同時に試してみるといいかもしれません。

特に不安や心配や恐れが湧いてきた時に、効果を発揮することでしょう。

口に出すメソッド③：想定外は想定内メソッド

●やり方

予想もしてなかった不安や心配や恐れが湧いてきたら、「はいはいはい、この想定外の不安もすべて想定内だね！　予想通り！」と口に出す。

新しい自分になるために、悩みを解決したり、願いを叶えようとして行動を起こし始めると決まって揺り戻しに遭うと思います。

なぜなら【無意識】はあなたのことが大事で、

「新しい状態になったら、傷つくことも多いかもしれないし、危ない目に遭うかもしれないからやめとこうよ。今のままでいいよ」

という、僕たちにとってみれば余計な優しさが【無意識】にはあるからです。

そうなると、新しい自分になろうとした途端に「本当に変われるの？」、「また前みたいに失敗するんじゃないの？」と不安や恐れといった形で現れます。

不安や心配や恐れに僕たちがなぜ怯えるかと言ったら〝見えないもの〟で、〝分からないこと〟だからです。

それはつまり予想していない、想定していないから怯えてしまうのです。

あなたがお化け屋敷に入ったとして、どこからお化けが出てくるか、どこから大きな音が鳴るか、どこに仕掛けがあるか分からないから怖いんですよね？

それを事前におばけがどこから出てくるか、どんな仕掛けがあるか全部知っていたらど

うでしょう？

確かに怖いかもしれないけど、何も知らないよりは恐怖心はマシなはずです（なんならおばけを逆に恐がらせる人もいたりして）。

山登りに出かける時も「山の天気は変わりやすいから雨具を持って行こう」と想定していれば、「雨が降ったらどうしよう？　嫌だなぁ」っていう気持ちにもならないでしょ？

それと同じで、あなたが最初から「これは【無意識】さんが今の状態をキープしようと怖がらせてるんだな」と【無意識】の働きを想定しておく。そのための「想定外の不安もすべて想定内！」と口に出す。それだけで怖さを感じなくなってくるはずです。

あなたが怖いのは、想定をしていないから。

最初から「怖くなって当たり前だよね！」と思っておけば怖いものなしなんです。

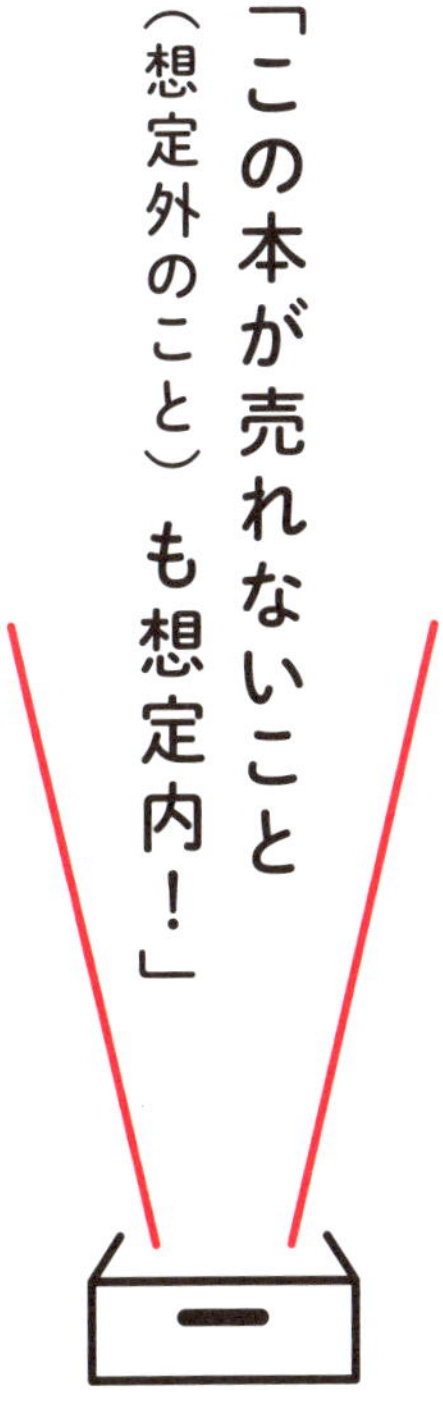
「この本が売れないこと
（想定外のこと）も想定内！」

「停滞期間」は羽ばたく前の「準備期間」

行動を起こしていくと、ぶつかる壁が必ずあります。

それはダイエットにしても筋トレにしても資格試験などの勉強もそうですが、「停滞期間」を迎えるということです。

例えばダイエットの場合なら体重が右肩下がりに結果がついてくると思います。

でも、ある時から「あれ？　全然、体重が落ちないんだけど」というような時期を迎えることになるでしょう。

そんな時に「もっとカロリーを減らさなきゃいけないかな？　運動の時間が短かったかな？」と原因を探して、なんとか体重を減らそうと必死になります。

でも、実はその気持ちこそが空回りを起こします。

なぜなら体重をコントロールしているのは「あなた自身」だと、あなたは思っているかもしれませんが、**実際に消化、吸収、代謝を行っているのは【無意識】の領域だからです。**

よく考えたら、そりゃそうですよね。自分でコントロールできるんだったら……誰もがとっくにミランダ・カーのようなモデル体型になってるはずですから（笑）。

「え？　でも私は【意識】的に、『痩せろ、痩せろ』と【無意識】に対してメッセージを送っているわ！

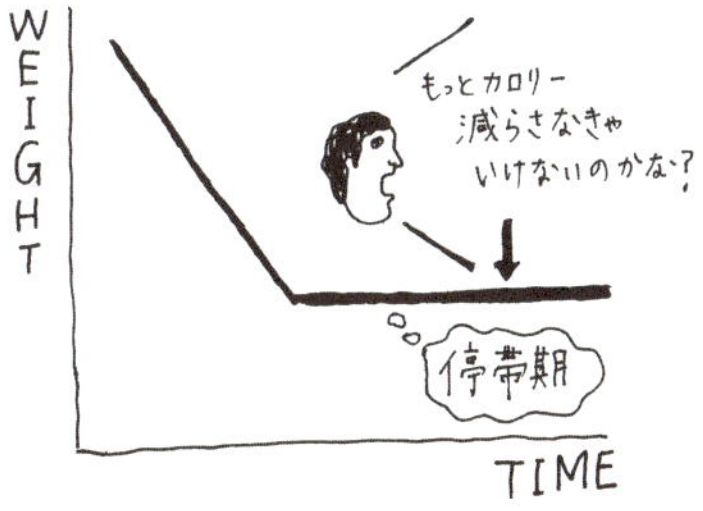

それなのに、未だにミランダ・ブーなのはどういうことよ！」

とあなたは言うかもしれません。

いえ、ミランダ・ブーなのであれば、【無意識】に指令を出しているあなたの【意識】が実は「焦り」や「心配」がいっぱいで、【無意識】もそれに伴った結果を引き出していると言えます。

さっきも言ったように、何か行動を起こしたら【無意識】は今の状態が心地いいから元に引き戻そうとします。

そう考えると、「停滞期間」って【無意識】との折り合いをつけるという意味で、気持ちを整える期間でもあります。

さあ、そんな時にはこのメソッドを口に出してみましょう。

口に出すメソッド④：「ただいま、準備中！」

●やり方

変化が起きなくなった時、不安や心配や恐れが湧いてきた時は、**「ただいま、準備中！　もうすぐオープンだよ！」**と胸に手を当てて口に出す。

※この時、焦る気持ち、早る気持ちを抑えるようにトントンと優しく胸（みぞおちのあたり）を叩きながら行うと効果的です。

同じ停滞期間を

①「やっぱりこのまま変われないのかな」という方向に【意識】を向けるのか

②「次に大きな変化を起こすために、今は力を蓄えてるんだな」という方向に【意識】を向けるのか

で、結果は変わってきます。

街の飲食店でも「ただいま、準備中！」という看板が掛かっているところがあります。
あれは、店内ではサボって何もしてないのでしょうか？　違います。
開店に向けて、お客さんに喜んでもらうために、仕込みをして準備をしていますよね？
そしてその結果、お客さんが喜べば、それが自分たち（お店側）の喜びや幸せに繋がります。

つまり、

「ただいま、準備中！＝仕込み＝自分の幸せのために必要なもの」

です。

だから、あなたが今までの自分と決別し、新しく生まれ変わる時にぶつかる壁＝「停滞期間」も、そのまま変われないんじゃありません。

ただ単に「ただいま、準備中！」なのです。

弓矢も前に飛ばそうと思ったら後ろに大きく引かなければなりません。

あなたの気持ちも前に向いたら、一旦は後ろへと引き戻されます。でもそれは前に飛ぶために絶対に必要なこと。

それさえ分かっていれば、変化がない期間も、もう焦ることも、心配に陥ることもありませんね。もうすぐあなたの新しい人生がオープンするのだから。

へいいらっしゃい！
『あなたの人生』が新装開店だよ〜！

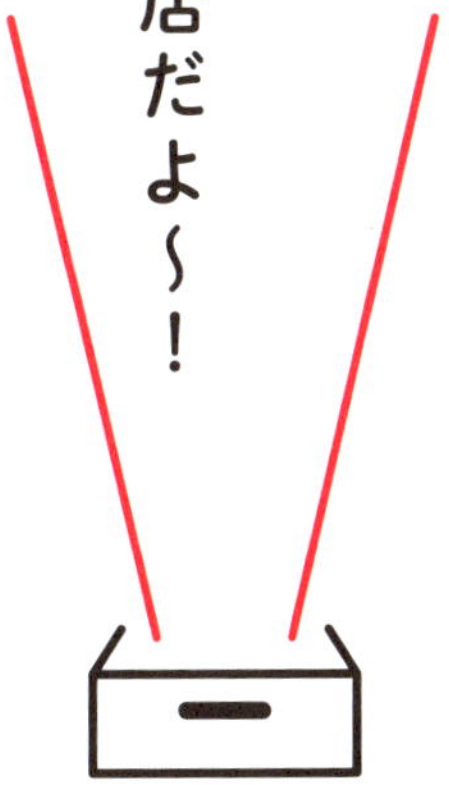

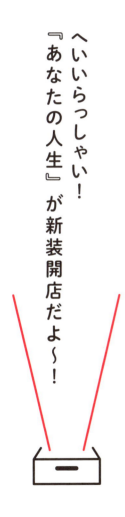

第3章

動き出す

感情を味方につければ体は勝手に動き出す

僕たちは心だけで生きているわけでもなく、体だけで生きているわけでもありません。

心と体、両方持って生まれてきます。

どんなに疲れていても、あなたの心がウキウキするようなことであれば体は勝手に動き出します。

例えば休日の朝、友達に

「駅前に美味しいお店ができたんだって。ランチの時間になると混むから今から行こうよ！」

と誘われたとします。

でも、あなたは休日の朝ぐらいはゆっくり眠りたいなぁと思うわけですね。もちろん体だって動き出しません。日頃の疲れを癒すために眠りたいのだから。
しかし、友達が興奮気味にこう付け加えます。

「キムタク（あなたの好きなタレント）がテレビのロケで今、そのお店に来てるらしいよ！」

と。

そしたら、あなたはさっきまでの態度とは裏腹に飛び起きて、
それはそれは入念にメイクをして、
一番オシャレな格好をして、
走ってお店まで行きませんか？

あなたは別に何か栄養となるものを食べたわけでも、飲んだわけでもないのに、「キムタク」という言葉を聞いただけで体は動けましたよね？

もちろん食べ物だって、飲み物だって、体の中に入れるものは大切です。でも、この話からも分かる通り、最も人間にとって大切なのは「希望」だと言えます。

心が希望のある状態であれば、体は動いてくれるということです。

これは逆もしかりで、ウキウキした気持ち（希望）になかなかなれないという悩みがあるなら、それは体を動かしていないからです。

心がどんよりと曇ってしまった時なんかは、

散歩をしたり、

ストレッチをしたり、

汗をかいたりすることで、

心のモヤモヤが取れてスッキリすることはよくある話です。

こうやって体を動かすことで自律神経系のバランスが整い、心も整うのです。

座りっぱなしや立ちっぱなしだと足がむくむように、頭でずーっと同じことを考えたり、悩んだり、心がカチコチに固まっている時は、バランスが崩れている時です。

そういった時は体からのアプローチを行えば、心も柔らかな状態（「キムタクが来てるよ！」と言われた時のような状態）に戻ります。そのタイミングで、あなたの願いを心に入れてあげればいいのです。

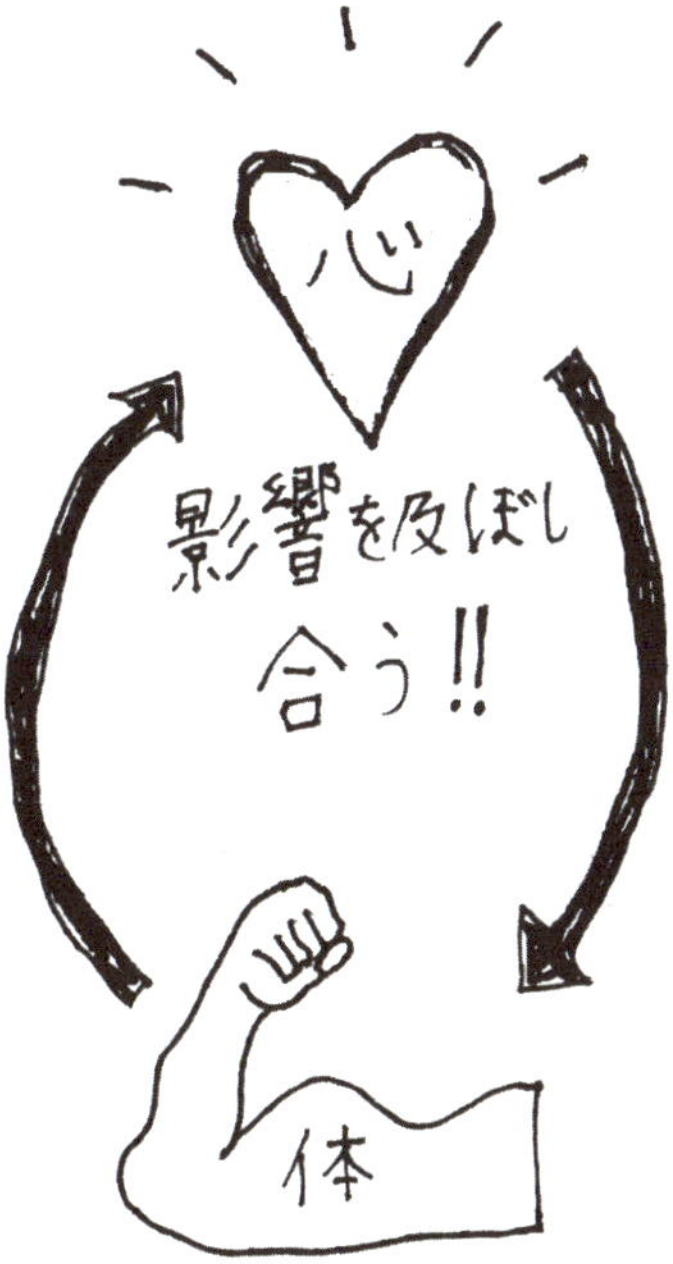

そして、その状態になるためにポイントとなるのが感情です。僕たち人間に1人残らず必ずあるもの、それが感情です。

能面のような表情をして、感情を一切表現しないまま生まれてきた赤ちゃんなんて怖すぎますし、僕はいまだかつて見たことがありません。

赤ちゃんは生まれてきたら必ず泣くし、気持ち良かったら笑うし、気にくわないことがあれば癇癪（かんしゃく）を起こします。

「誰かに迷惑かけちゃうかもしれないなぁ……」とか思わずに、自分だけしかいない世界のように思いっきり表現します。

これが大きくなるにつれて、
〝人前で泣いちゃ**いけない**〟とか、
〝感情をあらわにしては**いけない**〟とか、
〝すぐに怒るなんて**みっともない**〟とか、
〝簡単に浮かれては**いけない**〟とか、
見えない鎖で自分自身を縛って赤ちゃんの時にはできていたはずの自然な感情の表現をしなくなっていきます。

感情表現（心）で一番分かりやすく表（体）へ出るものと言えば、「表情」でしょう。

表情（体）が最近、硬くなってきたなとか、無表情の時間が多いかもしれないと思った人は心もカチコチになっていますから気をつけたほうがよさそうです。

表情がこわばってしまうと、感情のはけ口がなくなって、あなたの中に膿のように溜まり、いつの日か爆発してしまう時が来ますからね。

この本を読んでくださってるあなたはすごく真面目で心の優しい人だと思います。

真面目で心の優しい人は「自分さえ気持ちを押し殺せば、周りもすべてうまくいく」という思いを抱えがちです。

だから、感情に蓋をして生きて、鬱のように落ち込んでしまったり、自分を必要以上に責めてしまったりして、自分で人生を苦しめてしまっています。

僕もそうだったから分かるのですが、**それは今、感情の通り道をあなたがせき止めてしまっているから苦しいんです。**

【喜怒哀楽】という言葉がありますよね。**この文字を見れば分かると思いますが、必ず最後には【楽しい】という感情があります。**

あなたが【喜び】から始めたことも途中で【怒り】に駆られるようなことが起きたり、【哀しみ】に暮れたりすることもあると思います。

それでも最後は【楽しむ】ことで「感情」をどんどん流してあげてほしいのです。

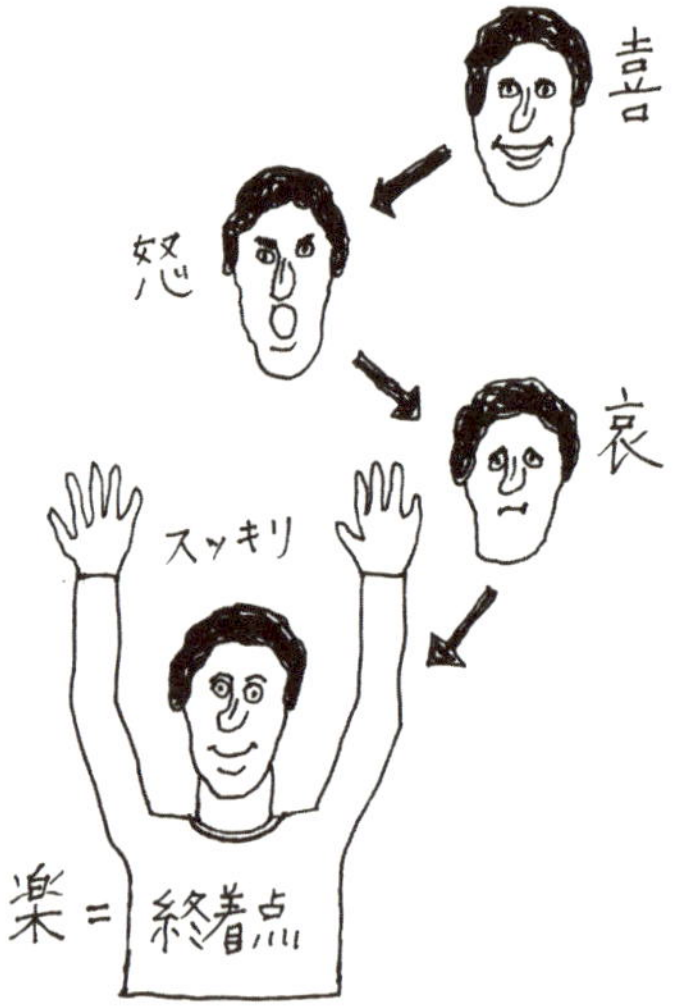

【喜怒哀楽】という感情を一通り経験することで、その体験を終わらせることができると僕は考えています。

【怒り】で終わらせたり、【哀しみ】で終わらせたり、途中で止めてしまうから苦しいだけなのです。

じゃあどうやって【楽しむ】の？　と言うと、簡単です。それがこのメソッド。

動き出すメソッド①：ルンルンメソッド

●やり方

❶あなたが今、どんな些細なことでもいいから、一番「嬉しい！」と感じるようなことをイメージする。

・仕事で思いがけない臨時ボーナスが出て、ビックリするようなお金をもらった。

・欲しかった服がセールになってて、しかも最後の一着が手に入った。

・子どもから「だーいすき」と言われてギュッと抱きしめられた。

・大好きな人から「大好き」と言われてギュッと抱きしめられた（う、うらやましい）。

・病気で痛かった体がある日突然、和らいだ。
・衣替えをしてたら、ジャケットのポケットからなぜか1万円札が出てきた。

2 そのイメージが実際に起こった前提で、その時に出るポーズを実際にとってみる。
・ガッツポーズする。
・スキップする。
・バンザーイ！　って両手を上げる。
・ニヤニヤが止まらなくて思わず手で口を押さえてしまう。
・手を叩く。
・ピースをする。

3 そのポーズをとったまま、今悩んでいることや不安に思っていることや後悔していることに対して**「これで良かった」**と声に出して言ってみる。

実際に嬉しいことが起きてなくても、ポーズを先にとることで自分にそういうメッセージ（嬉しい・楽しい）を与えることになります。

そうすることで、腹立たしいことも、辛かったことも、悲しかったことも、情けなかったことも、すべて「これで良かったんだ」、「あらゆる感情を楽しむために生きているんだ」と肯定的な解釈ができ、感情も自然と流れていくでしょう。

何が起きてもあなたの人生であり、あなたが選んで経験してきたことなのに、なぜ否定的になる必要があるのでしょうか？

あなたがあなたをいじめて誰が得をするのでしょうか？

誰かに強制されたわけでもなく、今までのすべてはあなたが自分で選択したこと。だからこそ過去に囚われるのは、とうてい意味のあることとは思えません。

選択の結果、過去に何が起きていたとしても、あなたの【無意識】は、あなたが『今』どういう気持ちでいるのか、過去の出来事に対して『今』どういう解釈をしているのか、それだけを見つめています。

だから、あなたが『今』を楽しんでいるのであれば、「あの経験があったからこそ『今』が楽しいんだ」と、**過去の嫌なことすらもすべて良い方向に事実をひっくり返すことができるんです。**

それが【無意識】のチカラなんです。


そして『今』を「楽しむ」ということは、何も嬉しくて幸せな気持ちだけを感じるというだけではありません。

「こういう感情（怒りや哀しみ）も喜びや楽しみがどういったものか分かるためには、必要な体験なんだよね」

と、嫌な気持ちや過去を肯定すること。そうして、**〝過去に抱いた嫌な感情すらも、『今』**

の楽しさを創り出すための良い体験だった〟と前向きに〝とらえ続ける〟ということです。

それはつまり、経験や体験を「味わう」ということでもあります。

そういう意味で、「これで良かった」と声に出してみてくださいね。

ただ、このメソッドをやれるぐらいなら、あなたはまだまだ大丈夫かもしれません。本当に今、辛くて苦しくて、メソッドなんてできないって人も、中にはいるでしょう。

そういう人は、そもそも心がカチコチに固まっているから、「体を使ってポーズをとる」

ということさえできないかもしれません。

そこで誰かの言葉や救いの手さえにも反発してしまう人にこそ、次のメソッドを試していただきたいと思います。

動き出すメソッド②：アイ愛メソッド

●やり方

1. 顔は動かさずに眼球だけ上に向ける。
2. そのまま顔は動かさずに眼球だけ下に向ける。この上下の動きでワンセット。
3. 同じ要領で左右に眼球を動かす。左右の動きでワンセット。

4

ワンセットの眼球の動きを上下左右、1日にそれぞれ7回やってみる。

心もカチコチの人や、鬱の状態にあったり、気持ちが落ち込んでしまって仕方のない人はまず目（視線）が動いていません。

僕も鬱の状態の時、「は！」と意識的に気づくまで一点を見つめてることがしばしばありました。

一点に視線が留まるということは他に可能性があったとしてもそこは見えてないということです。おまけにネガティブな時や落ち込んでいる時は、下を見つめていることが多いのです。

ちょっと実験をしてみたいのですが、顔は真正面に向けて眼球だけを下に向けて、ボールペンでもなんでもいいので眉毛のあたりで左右に振ってみてください。

眼球が下に向いていてもボールペンが動いているのが視界に入ると思います。
では次に、眼球を上に向けて、今度はあごの辺りでボールペンを左右に振ってみてください。どうですか？　視界にはボールペンが入ってこないでしょう。

ペンは視界に入る

ペンは視界に入らない

これは何を意味するのか。

（ネガティブだったり、落ち込んだりしているせいで）下を向いていても、ボールペンが見えたように、実はすべてのもの（あらゆる可能性）が見えてはいます。

それなのに、見ないように自分であえて「下を向く（ネガティブや落ち込む）こと」を選択しているということです。

子どもの頃を振り返れば、みなさんもこれと同じような経験をしているはずです。

子どもって一度いじけるとなかなか機嫌が元に戻りませんよね。だから、大人はお菓子やおもちゃを与えて機嫌をとろうとします。でも、意地を張って、子どもは上を向こうとしません。

本当は、視界に入っているお菓子やおもちゃを今すぐにでもつかみ取りたいのに……（笑）！

そう考えると人間の体って不思議ですよね。

上を向きさえすれば、ネガティブなことは視界にすら入らないのですから。

かつて坂本九さんが『上を向いて歩こう♪』と歌っていたのは涙がこぼれないようにするためだけでなく、ネガティブな自分にならないための1つの方法を教えてくれてたのかもしれませんね。

また、眼球の動きは脳の下垂体という部分が対応していますが、眼球を動かすことで下垂体を鍛えて集中力を高める狙いがあります。

例えば、運転の上手い人は注意するべき箇所や、前方の車の流れ、後ろの車などあらゆるところに視線が動いています。

そして、何かあっても即座に対応できる姿勢が整っています。

こういった場面で視線が動くということは意識が散漫になっているのではなく、「集中」していると同時に「リラックス」しているからこそです。

逆に考えると、「集中」と「リラックス」を生み出すには視線を動かすということが大事とも言えます。

運転の下手な人は前の車だけを見つめるように運転しています。視線が固定されているということは、ずーっと視線が固定できる「集中力」の持ち主……というわけではなく、ただ単に緊張しているということですからね。

笑えない時でも、嬉しい気分を想像できなくても、それに伴ったポーズをとれなくても、このアイ愛メソッドであればどんな人でもできると思います。


あなたの思考や感情は本当は自由なもの。

縛っているのは他の誰でもなくあなた自身だってことに気づくために、まずは視線・眼球を動かしてみてはどうでしょう？

きっと、今の子どもも大人もスマートフォンやパソコンの画面の見つめ過ぎで視線が動いていない人が多いでしょう。このメソッドをやってみて「目が疲れる」と思ったあなた。

最近、1つの方向（可能性）しか見れてない証拠かもしれませんよ。

あれぇ？　上を向いて歩き過ぎて、
ネガティブが１個も見えな～い！

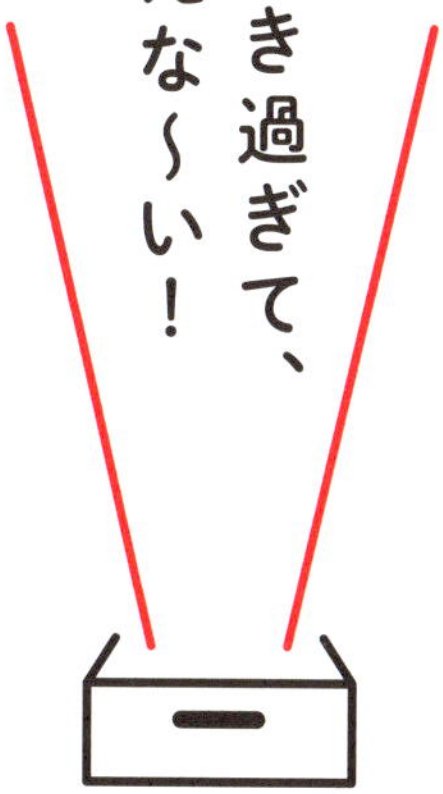

天才になる時はいつも決まって……

心が柔軟になって物事を多面的に解釈できるようになれば、あなたが今まで【意識】していた中では思いつかなかったアイデアを【無意識】の領域から引き出すことができます。それと同時に、あなたの悩みを解決したり、願いを叶えるのには色々な手段があることだって分かってきます。

そこで心を柔らかくするためのメソッドをもう1つご紹介しましょう。

何度もお伝えしているように、僕たちは心と体を使って日々、生活をしています。それにも関わらず、そんな当たり前のことをついつい忘れてしまい、心のことばかりを優先して、頭であれやこれやと考えて悩んで、まだ起こってもいないことに不安になったり心配になったりするものです。

そんなあなたに質問です。

机の上に置いてあるスプーンに対して「どうしたらこのスプーンは動くかな？」と悩んでいたら、そのうちそのスプーンは動くと思いますか？

……きっと、一生動くことはないと思います。

でも、体（手）を動かせば、スプーンを動かすなんざ、一瞬ですよね。

こんなふうに、体を動かさずに頭の中で考えているだけじゃ世界は決して変えられないし、自分自身の人生だって変えられるはずもないのです。

願いを叶えようにも、悩みを解決させようにも、指一本動かさずにできるわけがありません。

また、心と体のバランスがとれている時は、日々の生活も充実するのですが、どちらかが崩れていくと、良いアイデアが浮かばなかったり、体が思ったように動かなかったり、臓器の調子がおかしくなったりします。

そうなってしまった時は簡単に言うと、心と体の「調和をとれ」という【無意識】からのサインです。

調和がとれている時は、あなたが特に努力を積み重ねなくても、素晴らしいアイデアがリラックスしている時（お風呂やトイレや寝る前、起きがけなど）に浮かびます。

僕はこれを意識的に起こせる人を「天才」と呼ぶのではないかと思います。

だから、僕もあなたも本当は誰もが「天才」になれるんです！

でも、その方法を知らないだけ。

そこですごくシンプルですが、今回はメソッドを通して天才になれる方法をついに解禁します（笑）。

名付けて、『天才ウォーキング』です！

動き出すメソッド③：天才ウォーキング

●やり方

1 できるだけ遠くを見ながらウォーキング（散歩）をする。視線は前ではなく、斜め上へ。

2 足を踏み出す時には足の親指にチカラを入れる。

3 蹴り出す時には地面を後ろへ蹴るように意識する。

4 雨の日には無理に実践しなくてもいいので、自分のペースで続けてみる。無理しないことが大切！

毎日悩み事を抱えている人や、将来を憂いている人は考え過ぎというケースが多く、頭が重くなっています。

頭の中にまるで砂袋を詰めているかのように。

その砂袋を抜き取る作業として一番簡単にできることが〝歩く〟ことです。

歩くことは昔から「心と体の健康に良い」と言われてますが、今回のメソッドには2つのポイントがあります。ただ、歩くだけじゃありません。

その2つのポイントとは「視線」と「姿勢」です。

この2つを意識すれば体の健康にプラスになって、心がより晴れやかになります。

まず1つ目の「視線」について。ネガティブになっている人はさっきも言ったように視線が下を向きがちです。

そして、スマホやパソコンを触っている時間が多かったり、座っている時間が多かったりすると、姿勢もどんどん曲がって固定化されます。

そうすると当然、体も疲れやすくなってきます。

それを防ぐために、斜め上へと胸を突き出すようにし、同時に視線も同じように斜め上

へと向けます。

たったこれだけで姿勢もきれいなS字カーブを描くことでしょう。

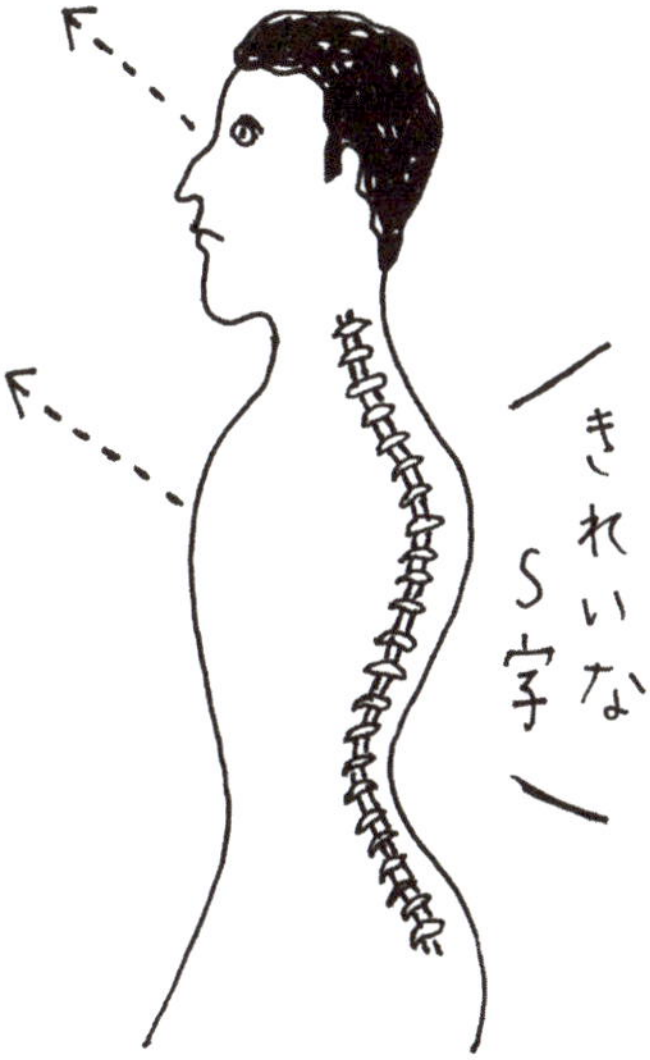

あなたは最近、今日の空がどんな色をしているか、意識したことがありますか？

地面の色ばかり視界に入ってきていませんか？

空っていつも同じ色をしているようで、毎日ちょっとずつ色が変わるんです。薄い青や、少しくすんだ青など、「青」1つとっても毎日、全然違います。

ぜひ、朝の空でもいいし、夜空でもいいので、このちょっとした違いに意識を向けながら、空を見るようにして歩いてみてください（もちろん前の安全を確認することも忘れずにお願いしますね）。

2つ目のポイントは前著『無意識はいつも正しい』でも書いたように、足の親指にチカラを入れることです。

赤ちゃんが不安な時、寂しい時は親指をおしゃぶりします（どの指だっていいのに必ず親指ですよね）。

これは、指がそれぞれさまざまな感情と対応していて、親指に対応するのが「不安」だからだと言われています（ひとさし指＝恐怖、なか指＝怒り、くすり指＝情緒、こゆび＝緊張）。

そして、おしゃぶりしているのは、親指に刺激を与えること（肩こりの時に肩を揉むように）で、不安な気持ちを取り去るのに効果的だからだと考えられます。

農作業する時も、スポーツする時も、人はチカラを内側から引き出す時（勝負に出る時）は必ず無意識に親指にチカラが入っています。

だから、足を踏み出す時は【意識】して親指にチカラを入れてみると【無意識】もそれに応じてチカラを内側から引き出してくれるんです。

それと同時に、先ほどの赤ちゃんの話のように、不安な感情を抑えるためにも親指にチカラを入れることは有効です。

物理的にも地に足をつけて踏みしめていますからね！

どうせなら地面に〝幸せスイッチ〟があると思って、親指で踏んで押しながら歩いてみ

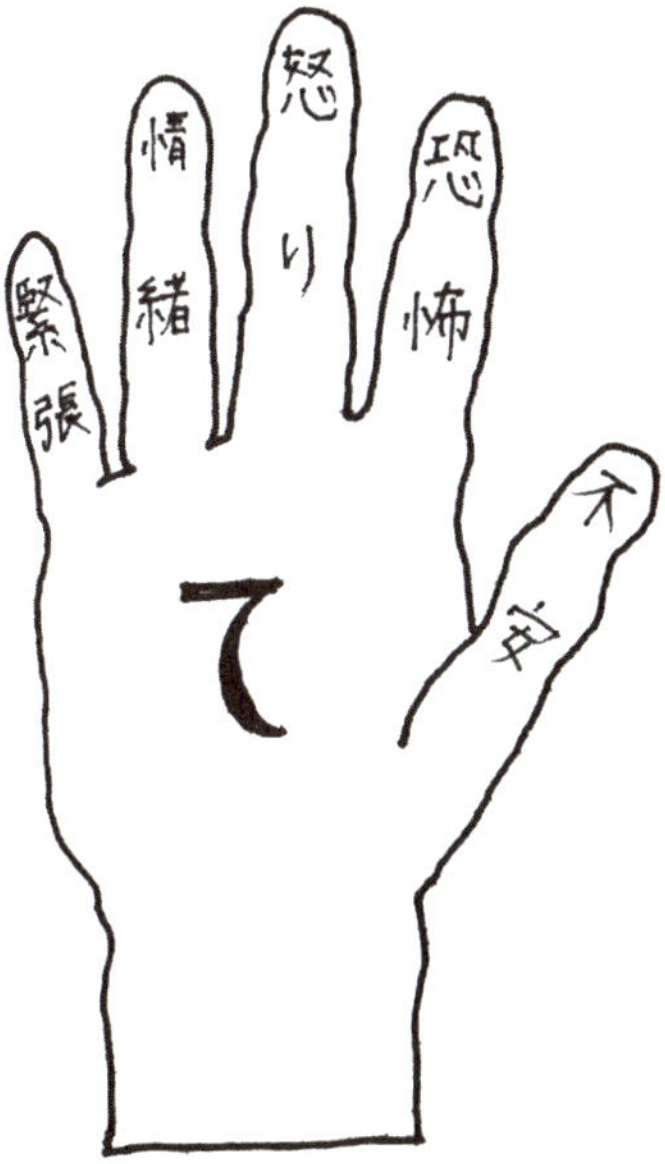

てはどうでしょう？
そのスイッチを押せば「幸せになる！」と決めて歩いていれば、もう押したくてたまらないでしょ？

さらに蹴り出す足はふくらはぎにチカラを入れるように、地面をどんどん後ろへ蹴るようにして歩いてみてください。

自分の足で大地を蹴り出して勢いをつけて前へと進んで行くということで、「さあ！今からやるぞ！」という自信のようなものを心で感じられます。
こうして、20分ほど歩いてみたらもうスッキリ頭の重さも取れます。

ちなみに、このメソッドをやる中で、いつもは通らなかった道や気になっていたけど入らなかったお店など、「行ってみようかな？」という気持ちになれば、ぜひその声に従ってみてください。

その声こそ【無意識】があなたに呼びかけている声なのですから。

そこで出会う人・モノ・出来事で、あなたの人生が変わる可能性も大いに秘めていますしね（たまたま入った店で出会った人と結婚に至った人もいます）。

ただもちろん、天才は1日にしてならずです。

できるだけこのウォーキングメソッドを続けてみてください。

このメソッドで視線や親指や蹴り足に【意識】を向けている間は、悩みや不安が【無意識】に入る隙がありません。

つまり、〝今この（歩いている）瞬間〟に集中できます。

すると、心にその分スペースができて【無意識】から引き出されるいいアイデアを【意識】が受け取りやすくなるのです。

素晴らしいアイデアは過去に湧き上がるわけでも、未来で湧き上がるのを待っているわけでもありません。

「（アイデアを）思いついた！」と言うのは昨日のあなたでもなく、明日のあなたでもなく、〝今、この瞬間〟に集中しているあなたです。

ぜひ、その才能を開花させるためにもこのメソッドを試してみてくださいね。

たとえ天才になれなくても……

不安や心配や恐れに取り憑かれていたのが日増しに軽くなっていくのが分かるはずですし、間違いなく健康にはなれますから（笑）。

だから、アイデアを思いつくのは
決まって、ソファやお風呂だったのね！

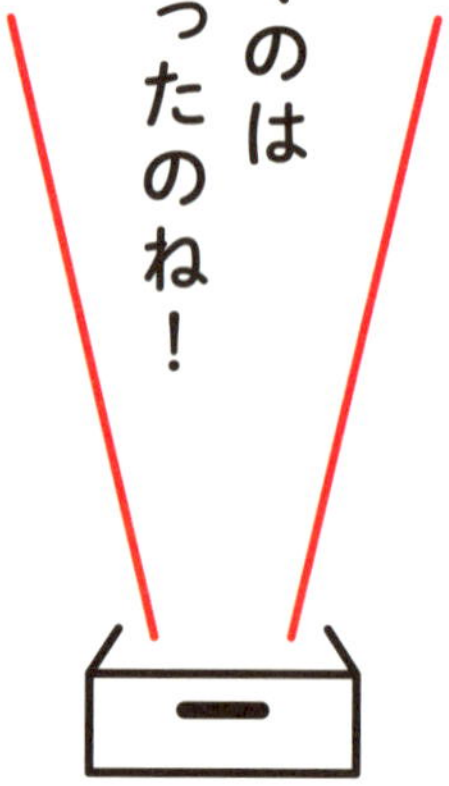

集中力を高めることに集中せよ！

集中力を高めるメソッドをここではもう1つご紹介します。

潜在意識とも呼ばれる【無意識】のチカラを使って願いを叶えようとしたり、望み通りの人生を送るにはある1つのことが重要になってきます。

それは冒頭にもお伝えしたようにあなたが頑張ることを止めることです。

あなたが頑張れば頑張るほど、【無意識】から見れば邪魔で仕方ありません。

アクセル（＝無意識）とブレーキ（＝意識）を同時に踏んでいるようなものですからね（ダイエットサプリを飲みながら、こってりラーメンを食べてるようなもんです）。

ブレーキを離せば【無意識】のチカラで、勝手に前へ前へと進んでいくのだから、あなたがやるべきことはリラックスしてブレーキを離すことだけです。

頑張りを止めるとはすなわち「リラックスする」ということですが、それが実は今回のメソッドと深く関わってきます。

動き出すメソッド④：ボールonボールメソッド

●やり方

1 ボールを2個用意する。部屋でもやりやすいようにテニスボールなど小さめのボールがオススメ。

2 ボールを縦に2個重ねる。

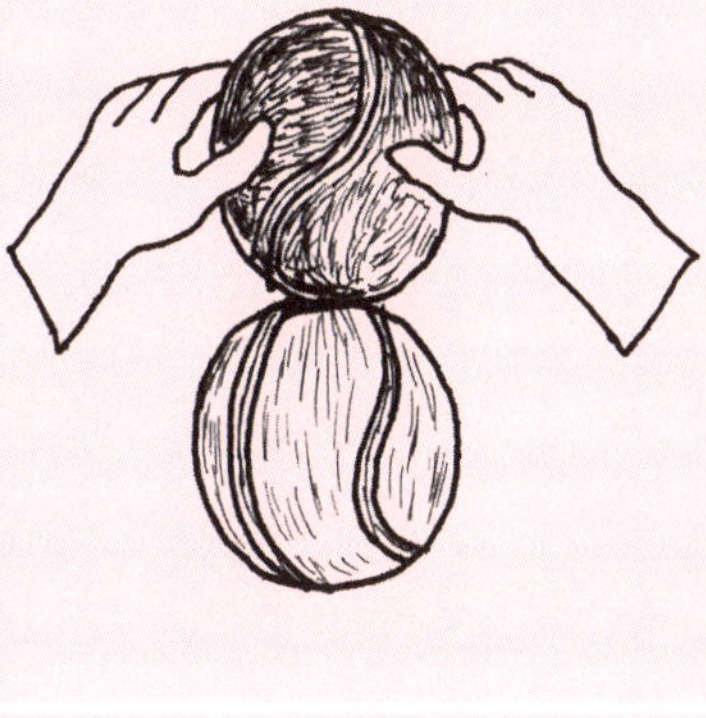

3 ボールのバランスをとり、手を離しても上に載せたボールが落ちずに2個重なった状態になれば成功。

4 7日間は継続してやってみる。

このメソッドはゲーム感覚で楽しめながら、集中力を高めるメソッドとしても抜群の効果があります。

なぜなら、思考をあちこちに飛ばしてると絶対にボールが載らないからです。

では、なぜ集中力を高めることがリラックスして無意識のチカラに委ねることに繋がるのか。それはこのメソッドをやればすぐに分かります。

集中とは〝頑張る！〟とか〝チカラを入れる〟ではないからです。

試しにこのメソッドで頑張ってボールを載せようとしてください。

うまくバランスをとれないはずです。


僕も最初、このメソッドをやり始めた時はコツが分からず「載せよう、載せよう」として、成功するまで40分ぐらいはかかってたと思います。

でも、成功した瞬間にあることに気づきました。

それは「もう載らなくてもいいや」と開き直ったこともそうですが、リラックスしてチカラを抜いた時に載った、ということです。

いわゆる【無】の状態とか【無我】の境地になったのでしょう。


そうです、集中とはリラックスしてる状態のことだったのです。


そして、チカラを抜いた時こそ【無意識】のチカラが最大限に発揮できます。

チカラを抜いたらパワーも落ちそうなものですが、逆です。**チカラを出そう、出そうと**

思えば思うほど緊張状態になって本来のチカラが出ません。

あなたにも1つや2つは経験があるはずです。

「ダメで元々……」とか「失敗してもいいか！」と開き直ってリラックスした状態で臨んだ面接やプレゼン、それに試験や試合なんかで思った以上のチカラが出せたり、合格したり、成功したりしたことが（愛の告白なんかもそうかも）。

そういった願望を叶えるのはあなたの【意識】だけでできることではありません。どちらかと言えばあなたがチカラを出せるように動いてくれている【無意識】の役目です。

となればさっきも言ったように【無意識】のチカラを引き出そうと思えば、自分が頑張ること、チカラを入れることを止めることです。

それには余計なことは考えずに、〝今この瞬間〟に意識を「集中」させること。

そして「集中」とは突き詰めれば極限のリラックス状態でもあります。

リラックスしてすべてのチカラを【無意識】に明け渡せば、役目を果たしてくれるはずです。

このメソッドを実践して集中力を高めることができた時、そう、つまりリラックスできている状態の時に、あなたがなりたい姿や理想の生活を思い描いてみてください。

パッカーンと無意識の扉が開いてる時にこそ、あなたの理想のイメージを放り込むのです。あとの過程は【無意識】にお任せで。

このメソッドはとっても地味です（笑）。

だから、「地味だし……」とか、「そんな簡単なことで叶うはずがない……」と言ってやらない人がいても別に構いません。

でも「叶えたい願望があるんです」と言う人が、「地味」を理由にして試しもしないなら、それはあなたが本当は別にそこまでして叶えたい願望だと言えないかもしれません。

願望だけでなく、普段の生活でも仕事でもそうですが、本気の人はどんなことだってバカにすることなくやります。

だって、本気だから。それが自分の思い描く姿に対して「本」当の「気」持ちだからです。

今回のメソッドはそんな本気の人、「人生を変えたい、変えてみたい」と思っているあなたのためのメソッドです。

願望を叶える型《かた》
「体はリラックス、心は本気！」

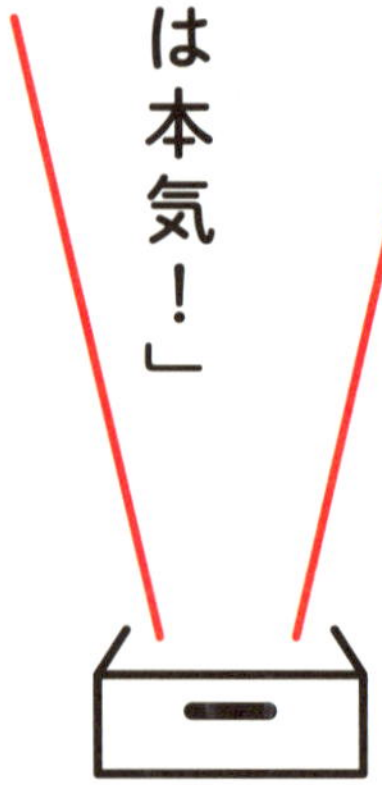

お金は気持ちいい？　それとも汚い？

自己啓発本や精神世界系の本を読んだとしても、結局最後はあなたが行動しなくては現実は絶対に変わらないと、ここまで何度かお伝えしてきました。

このことについて、特に「お金」の悩みがある人は行動が大切だと言えます。

だって「お金を手に入れる方法」を知ったところで、実際に行動に移さなければ、お金が入ってくるどころか生活費が出ていってしまうだけですから。

だからみんな、

仕事をしたり、

不要な物を売ったり、

自販機の下に手をつっこんだり（拾ったお金は交番に届けましょう）、

何かしらの行動によってお金を得ているんですよね。

もちろん、

誰かからお金をもらうとか、

落ちていた宝くじを拾ったら当選していたとか、

アイアム「ヒモ男」ですとか、

行動せずとも（仕事をしなくても）お金を手に入れることだって可能です。

でも、そんな運任せ、人任せなお金を待っていたら、いつ手に入るか分かりません（笑）。言ってる間に、資金は底を突くでしょう。

それに比べて、自分から行動してお金を得る方法は、棚からぼた餅を待つよりも断然早いし、動くことでお金が入ってくるルートや流れ（違った可能性）だって、見えてきます。

ただ残念なことに、1人ひとり今の仕事や扱っている商品やサービスも違えば、環境や状況、それに考え方も違うので、万人に適用する「お金を得る方法（やり方）」は存在しません。

また、そもそもそういった方法があったとしても、あなたの中で、
お金なり、
仕事なり、
人間関係なり、
健康についての、
「考え方」が変わらない限り、つまり受け取る器を大きくしない限りは、入ってくる量がどれだけ増えても溢れ出てしまって受け取れないのです。

例えば、子どもの頃を思い出してみてください。

親戚「フトシや、お年玉をやろうか、ほれ」

フトシ（10）「わぁ、ありが……」

――ビシっ！

フトシ母（年齢は秘密）「子どもにはまだこんな大金持たせるわけにはいきませんので……お気持ちだけ頂戴します（汗）」

……せっかくフトシ少年のすぐそこまでお金がやってきていたのに、僕の母が「子どもには大金を持たせてはいけない！」という〝考え方〟を持っていたばっかりに、僕にはお金はやってきませんでした（僕の「もらえるお金はもらってなんぼ」という〝考え方〟に反して……）。

こんなふうにお金を手に入れるにはまず「考え方」を変える必要があります。

では、どうやってお金についての「考え方」を変えるのかと言うと、よく本に書かれているような、

お金持ちのように振る舞えとか、

お金を貯めずに循環させようとじゃぶじゃぶ湯水のように使えとか、

そういうことをお伝えするつもりはありません。

ここでもやっていただきたいのは「頑張っていることをやめる」。つまり、

〝お金を【意識】することをやめる〟ということです。

あなたは家を出る時に

「外には空気があるだろうか？　十分なだけ吸えるだろうか？」

なんて考えるでしょうか？

……もちろん考えませんよね。

つまり、【空気が充満していて当たり前＝意識すらしない】という「考え方」であれば、「明日、空気がなくなって生きられなくなったらどうしよう？」なんて心配も不安も起こるはずがありません。

極端な話ですが、それと同じようにお金を好きなように使える人は、「お金が入ってきて当たり前、持っていて当たり前、余裕があって当たり前」と考えています。

当たり前だから「お金があるかないか」を考えたり【意識】すらしたことがないはずです。

ちなみに知人のお金持ちの男性は、自分の奥様に「好きなだけ使っていいよ」と伝えているそうです（う、うらやましい）。

なぜこんなことが言えるかといったら……「お金が余ってるから」だそうです（ぼ、僕もあなたと結婚したい！　性別なんて関係ない！）。
それが当たり前の状態なんですよね、彼にとってみたら。

これを聞いてあなたはこう思いませんか？
「いいなぁ、一度はそんなこと言ってみたいよ！」って。
言ってみたいのですよね？

じゃあ、1人の時に言ってみたらどうですか？

「お金が余って仕方ないんだよねぇ」って。

言ってみたいのだったら本当に言えばいいんです。
そんなのは嘘だから言えない？　あなたにはたくさんいいところがあるのに
「自分は何をやってもダメだ。最低だ」
って散々自分に嘘をついてる（言ってる）のに？

そんなあなたは、自分へのダメ出し（嘘）が当たり前のようになってしまって、それが本当の自分だと思っていることでしょう。

こんなふうにして、「自分の性格」のことは嘘をついてもよくて、「お金」のことは嘘を言ってはいけない、〝私はお金が余ってはいけない〟という設定を自分で植え付けて、実際にお金がない状態になっているのです。

だからこそまず、あなたの中で〝当たり前〟だと思っている観念がお金を遠ざけているということに気づかなければいけません。

「お金」は自分自身の観念や価値観というものが、大きく出るものの1つだと思います。

試しに今すぐその場で想像してみてください。

あなたがいつも持ち歩く財布に今、いくら入っていたらドキドキしますか？

10万円？

30万円？

100万円？

このドキドキする額というのは、自分にとって手に入れるのが難しいと【無意識】に思っている額です。

例えばあなたが、50万円を財布に入れていたらさすがにドキドキするとしましょう。そして、イメージの中でいつも通り街を歩いてみてください。

どうですか？

すれ違う人、

電車に乗り合わせた人、

ジムでロッカーが隣になった人、

すべての人がどうも自分のバッグを見てる気がしてきませんか？

そういう錯覚に陥って疑心暗鬼な気持ちで人を見ていませんか？　おちおち電車の中で居眠りなんかしてられないかもしれません（笑）。

でも、これが財布に入ってるのが５０００円だったら？

道行く人どころか、電車に乗っててもあなたはぐっすり寝過ごすぐらい眠るかもしれません。バッグの口が開いててもお構いなしに。

ジムのロッカーの鍵を閉め忘れてたことにエクササイズ中に気づいても、「ま、いっか」と気にも留めないかもしれません。

不思議ですね。財布は変わらないし、もちろん財布の中身も見えないのに。そして、それを持ってる人も変わらないのに。

中身の額が変わっただけでドキドキしちゃうなんて。

こうやって簡単なイメージのテストをするだけでも、人は自分の【無意識】がどれほど普段の行動や思考や感情に影響されているかが分かります。

ドキドキしちゃう額というのは、きっと心のどこかでブロックがある額だろうし、お金は物を交換するための道具の1つに過ぎないと言われても、どこかでやっぱり【お金は自分の生活を左右するもの】、【自分の気持ちの余裕さを左右するもの】という意識があるのかもしれません。

そして、心に余裕がある時は買い物をしていても、文字通り「気持ち良く」お金を支払えるものです。

だからさっきの話に戻すと、あなたが50万円を財布に入れていてドキドキするとか、「ちょっと怖いなぁ」っていう気持ちが湧いてくるなら……

あなたがまだ自分でその額を手にすることを許可してないとか、

受け取るには抵抗があるとか、

あなたが〝簡単には手に入れられない額〟だと思ってることを表しています。

なんにせよお金を払うことに対しても、貰うことに対しても「気持ち良く」という心構えになれれば、今、あなたがドキドキとか怖いって思ってしまうような金額が財布に入っていても抵抗感は減るでしょう。

そして、この〝ドキドキ〟がなくなるということは、不安や心配や抵抗感がなくなるということでもあり、【無意識】からのアイデアも引き出しやすくなります。

だからこそ、そのアイデアを受け取る心のスペースを空けておくためにも、抵抗感を減らしてお金を手に入れることも出すことも「気持ち良いもの」という考えにしておかないといけません。

では、お金に対して「気持ち良く」感じるには何をすればいいんでしょう？

ここでは2つメソッドをご紹介しようと思います。先に言っておきますと、もちろんメソッドを実践しても即、お金持ちになれるわけではありません（当たり前ですが）。

ただ、このメソッドにより「考え方」を変えることで、あなたなりのお金を手に入れる「やり方（方法）」が見つかるはずです。

それが転職することなのか、

今の仕事のまま給料を上げてもらう方法を見つけるのか、

新たな仕事を始めてみるのか、

他にも収入源となる道が見つかるのか、

今までになかった仕事そのものを生み出すのか、

「あ、そういうお金の生み出し方もあるのか！」というヒントを他人から得ることができるのか、

それはあなたにしか分かりません。

そして、最後はその「やり方」を実際に行動に移すかどうかはあなたが決めること。でも本当に望むなら必ず動くはずです、あなたなら。

動き出すメソッド⑤：トレードメソッド

●やり方

1 冷たい水の入ったグラスを持つ。目を閉じてイメージの中で、映画やドラマなどで銀行の中の地下金庫の重厚感溢れる鉄扉を開ける（もしくはジュラルミンケースを開ける）。ここでのポイントは、扉

の感触の冷たさを、グラスを持った手を通して臨場感として感じること。

2 扉を開けるとそこにはあなたが好きに使えるだけの札束がたくさん積まれている。そこでグラスを一旦置く。

3 目を閉じたまま、イメージの中で自分の胸から「不足感」の塊を片手で取り出す。そして、目の前に広がる札束をもう片方の手で掴める分だけ掴み、「交換」とつぶやきながら「不足感」を掴んだ手と入れ替えるようにして、札束を掴んだ手を胸の中に入れる。

4 できるだけ毎日続けて、「当たり前」だという感情にしていく。

あなたが大事に大事に持っていたのは
借金のこと、
カードの支払いのこと、

買い物で欲しいものが買えない、

といったような「お金の不足感」です。

〝そんなものは必要ない〟と分かっていながら、あなたは今まで大事に持っていたことでしょう。それはもう常に【意識】していたと思います。

そしてこの習慣的な【意識】の持ちようがあなたにお金がない現実を見せていると言えます。

それは実は【無意識】は、僕たちにとって必要な情報しか見せないという性質があるからです。

例えば、雑踏の中で自分の名前を呼ばれて、「え？　呼んだ？」となった経験はありませんか？

普通であれば、雑踏の中なわけですから、老若男女さまざまな声が入り乱れて、自分の名前もそこに交じってかき消されるはずです。

それなのに、自分の名前を呼ばれたと分かるのは、【無意識】がたくさんの音の中から

「フ・ト・シ（僕の名前）」の3文字だけを抽出してくれたからだと言えます。

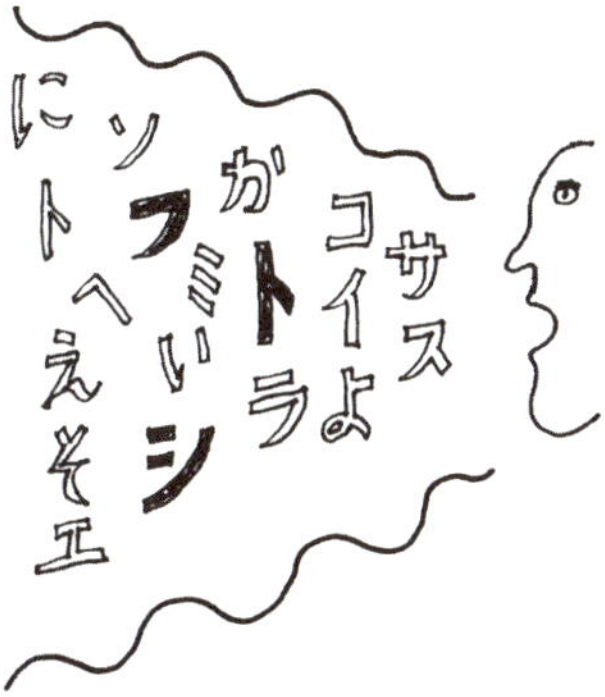

他にも、

どれだけ人ごみでも、自分の子どもや好きな人の声ならすぐに聞き取れたり、

欲しいものがあればそれを持っている人をよく見かけたり、

といったこともこの【無意識】のチカラによるもので、**今までも存在していたのに、あなたが【意識】した途端に見えてくるということです。**

そして、あなたの中で大事にされてきた「お金の不足感」。これは自分の【意識】できる近いところにありますよね？　するとあなたの【無意識】は、「お金を持っていていいわけがない」現実をあなたに見せます。

例えば、富裕層の中の一部の人が、何か事件を起こせば、

「やっぱりお金を持っていたらロクなことにならないわよね」

と、自分の【意識】している情報を正当化して【無意識】では

「だから貧しくていいんだよね、そういう心配はないし」

と思わせてくれます。

事件を起こすのは〝お金を持っているから、持っていないから〟ではなく、〝その人自身の在り方ややり方〟であるのに、です。

今、お金に対してあなたが「不足感」を持っているのなら、【意識】を書き換えるために、その情報を交換しないといけないですよね。**「お金を持っていて当たり前。私がそれ**

だけのお金を持つのは当然」という情報と。

「近いところにある（自分が持っている）情報」＝不足感と、「遠いところにある（自分には今はまだない）情報」＝裕福感をこのメソッドを使って、イメージ＋実際に両手で交換してみてください。

あなたは、「これだけのお金を自由に使えるのは当然」という情報を今まで選択してなかっただけですから。

まず、行動を起こす前に情報の交換。

大事に抱えてきた「不足感」なんてよく考えたらゴミの日に出してもいいぐらいのものなんですよ。

そして、情報の交換が完了したら、次は実際の生活で使えるメソッドをやってみましょう。

動き出すメソッド⑥：サンタクロースメソッド

●やり方

1 チョコレートでもアメでもいいので、スーパーやコンビニなどでお菓子やスイーツを無理のない範囲で買う。

2 職場でも家族でも友達との集まりなど、みんなに対してサンタクロースになったつもりでどんどん配る。

人はお金を支払う時にそれぞれ価値を置くものが違います。
ある人は食べ物に関してはいいものを食べたいとか、
またある人は旅行に行く時はいいサービスの受けられるホテルに泊まりたいとか、

そういう面ではお金を惜しまないというふうに。
その代わり衣服にはこだわりもないし、別に暑さや寒さをしのげればいいから安いもの
でも大丈夫という人もいます。

こういった具合に、「何にお金を支払う価値があるか」は人によってそれぞれです。

でも、どんな人もお金を支払う先にある〝モノ〟は共通しています。
それは何か分かりますか？
どんな人もお金を何のために使っているか・支払っているかと言えば……

「体験」を手に入れるためです。

食べ物にしても、
好きな歌手のコンサートにしても、
本を買うことにしても、
服や化粧品を買うことにしても、

家を買うことにしても、
旅行に行くことにしても、
本当はどんなものを買う時も、お金を出すことと引き換えに、絶対に「気持ちいい体験」を得ています。
気持ち悪い体験をするためにお金を支払っている人はまずいないでしょう（いたら、それこそ気持ち悪いですよね。笑）。

だから、僕もあなたも本当は「お金というのは『気持ち良い体験』との交換道具なんだ」と思えていないとおかしいんです。

もっと言うと、「お金＝気持ちいい体験」という連結ができて当たり前なんです。

でも、それがそう思えないのはお金を使うことは「自分が損している」と思ってしまっているからでしょう。**自分の手元に入ってきたお金が〝循環して初めて成り立つもの〟ではなく、〝自分だけのもの〟だと勘違いしてるからだと言えます。**

また、お金が入ってくることは、あなたが「気持ちいい体験」を誰かに提供しているということです。

仕事で毎日大変な思いをしているけど、あなたのその仕事のおかげで今、僕たちは、パソコンや電話を使えたり、

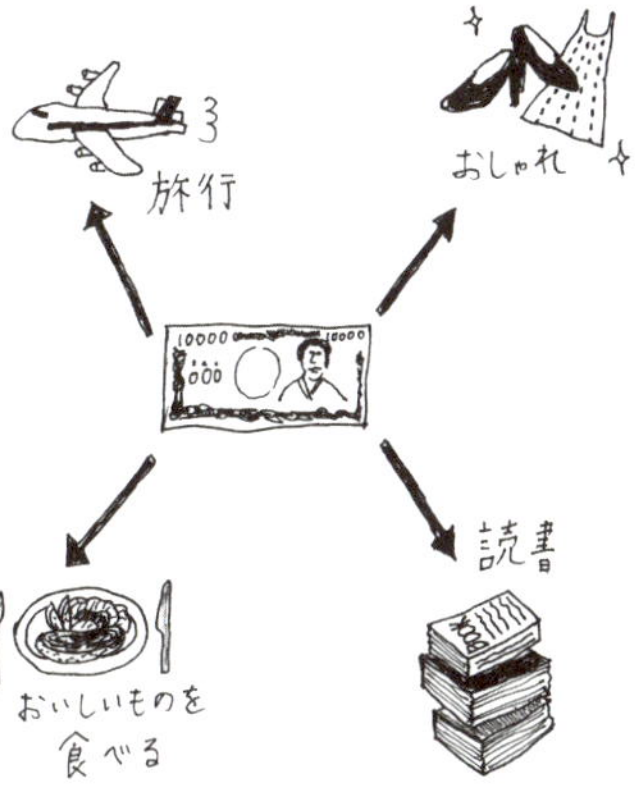

おいしいご飯が食べられたり、
寝る場所があったりと、
気持ちいい体験を手に入れることができています（僕の生活を支えてくれているあなた、ありがとう！）。

お金を支払う時は、あなたが「気持ちいい体験」を得ている時。
お金を受け取る時は、あなたが「気持ちいい体験」を提供している時。

これは意識してるとかしてないとか関係なく、原理としてそうなっています。そこまで想像できたら「お金＝気持ちいい体験」もすんなり頭では理解できるはず。

じゃあ、あとは実際に「お金」を「気持ちいい体験」と連結するだけです。

その体験が終わった時、

「お金は触り心地も、存在も、支払いも、全てが気持ちいいものなんだ！」

と、大金に対してのドキドキ感やざわざわ感や抵抗感は減っていることでしょう。

そこで今すぐに簡単にできて実践しやすいのがこのメソッドです。

お金をもらう時は誰もが「気持ちいいなぁ！」って思うものだけど、支払う時、お金が財布から出ていく時は「痛いなぁ！」って思うもの。

だから、どちらかと言えばお金を支払う時に「気持ちいいなぁ！」っていう体験を連結させなければいけません。

というわけで、まずその第一歩として

行動に移しやすくて、

いきなり懐も痛まなくて、

なおかつ人に与えることが抵抗なくできるのは、

駄菓子のプレゼントや、スイーツの差し入れです。

これなら〝もらう側〟も遠慮なくもらえます。

しかも感謝もされるし、喜んでくれることは間違いありません（怒る人はさすがにいないでしょう）。

そして、何よりあなたも「相手が気を使ったり、遠慮したりしないかな？」とか思わずに、お菓子なら気軽に配れると思います。

なんなら「1つじゃなくて、もっとたくさん取っていいよ！」とか言っちゃうと、さらに自分の心の中に余裕ができます。

結局はこの〝余裕〟とか〝豊かさ〟っていう気持ちが大事です。いかに常に心に豊かさを保てるか。

何も裕福なフリをしなくても、無理して高価なものを身につけなくても、人に与えて、かつ他人を喜ばせる「気持ちいい体験」を何度も何度もして習慣化できれば、**他人を喜ばせた対価としてお金をもらうことにも抵抗なくなります。**

寄付も「気持ちいい体験」かもしれないけど、直接相手の喜ぶ顔が見られないのがネックです。

まずは少額なのに相手の喜ぶ顔が見れる実感を味わう癖をつけることが、お金の支払いや受け取りの時の抵抗を減らせる近道だと思います。

お金は「汚いもの」と決めるのも、「気持ちいい体験」と決めるのも、あなた次第。

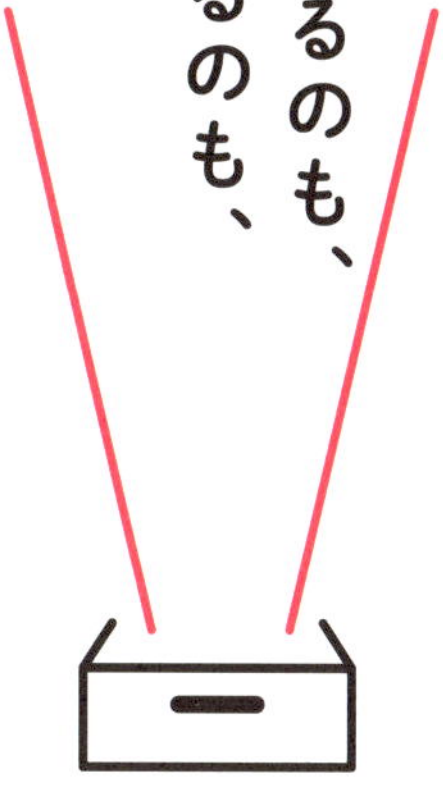

第4章

見つけ出す

牛を動かすにはどうすればいい？

あなたにこんな問題を出してみます。ちょっと考えてみてくださいね。


（問）あなたは家族で牛舎を営んでいます。

牛を引っ張って牛舎に連れて行くのがあなたの役目なのですが、牛は機嫌を損ねているのか、なかなか言うことを聞いてくれず牛舎に入ってくれません。

あなたの子どもと一緒に前から引っ張りますが一向に動く気配はありません。

さて、あなたならどうやって牛を牛舎に入れますか？

シンキングタイム！

答えとして、どんな可能性が考えられますか？

- **さらに人数をかけて無理やり力ずくで引っ張る**
- **牛の好物を目の前にぶらさげて誘導する**
- **牛の機嫌をとる**
- **牛を大きな音で追い立てる**

色々考えられることはあると思います。あなたの中にも1つだけでなく、いくつかのアイデアが思いついたかもしれません。

ただクイズを出題して、しかも考えさせておいてまことに申し訳ないのですが……この問題はどれが正解！　というわけではありません。だって、実際にあなたの考えた方法で牛は牛舎に入る可能性がありますから（笑）。

実は、このお話は催眠療法家で精神科医でもあるミルトン・エリクソンという人の幼少時代のお話です。

彼は父親が一生懸命、牛を牛舎に入れようとするのを手伝うために、牛の後ろに回りこみます。

そして、父親が前から引っ張り、エリクソンが後ろから尻尾を引っ張りました。

牛は前後から引っ張られるもんだから、両方のチカラに抵抗して振り切ろうとします。

ここで牛の気持ちになってみましょう。

牛

「前からは父親。後ろからはク○ガキ。振り切るにはどう考えても、ク○ガキのほうがチカラが弱いから……
よし、あっちにいけク○ガキ！」

こうして、牛は尻尾を揺らしてエリクソンを勢いよく振り切ります。

すると、その振り切った勢いで牛はあっけなく父親の引っ張った方向へと突進して、無事に牛舎に入った、というエピソードなのです。

牛「はめられた〜。泣」

さて、なぜこういうお話をしたのか。

1つは悩みの解決にしろ、願いを叶えることにしろ、その可能性というものは思ってもみないところにあるものだけでなく、見えている範囲内にもあるということを伝えたかったからです。 しかも、聞けば「なーんだ、そんなことか」と思ってしまうようなものの中にもあるということも。それはつまり盲点であるということ。

そしてもう1つは、**あなたが【無意識】のチカラを引き出すために頑張りをやめようと思っても、「その頑張りをやめるためにまた〝頑張って〟しまう」ことがあることを伝えたかったからです。**

あなたが自分の願いを叶えたり、悩みや葛藤や不安な気持ちから抜け出していくには、**今までの自分のやり方や考え方では実現は難しいことでしょう。**

だって今までの自分のやり方や考え方が通用しているなら、すでにそれらは願いや悩みといったものではなくなっているのですからね。

過去の体験や経験といったデータ、それに今までのやり方や考え方も確かに大切です。

でも、そこにはあなたにとって辛く苦しい経験や、忘れたい出来事もあったはずです。

どうしても人間はネガティブな考えも持ち合わせているため、願いを叶えようとしてもついついこの過去の出来事を思い出して

「もしかしたらうまくいかないかもしれない」

と思ってしまうものです。

そうなったら、叶うものも叶わないし、悩みや不安を解決する突破口となるすばらしい可能性も見えなくなってしまいます。

だからこそ、この章であなたが見えていなかった可能性を「見つけ出して」ほしいのです。

その可能性に懸けるかどうかはあなた次第です。でも、その可能性はあなたが幸せになるその日を心待ちにして、「見つけ出して」もらうのをずっとずっと待っています。**その可能性を見つけ出すために、今までの章で「口に出して」、「動き出して」エンジンを温めてきました。**

では、どうして僕たちは新しい可能性がそこにあっても気づけないのかと言えば……

1つに、人は【意識】を集中したところしか見えてこないからです。**言い換えればかつてのやり方や考え方に〝執着〟をしているからだと言えます。**

そして、自力で頑張って解決しようとしているからです。「何もしなくてもいい」とか

「無意識のチカラに任せてみよう」と言われても……事態はすぐに動かないからどうしても焦って自分で動いてしまうんですよね。

でもそれは、花の種を土に埋めて、芽が出る前に、「本当に成長してるの？」と土を掘り返しているのと同じことです。

どんな花であれ、芽を出す前に必ず根を張ります。そして、その根を張る過程こそが一番大事だと言えるのです。

深く地中に根を張れば、いずれ芽を出し、花を咲かせた時に強い風が吹いても倒れることはありません。

僕も20代の頃に引きこもったり、死にたいと思った時期を越えて、こうして本を書かせてもらえるまでに時間はかかりました。

でも、その時に「今は根を張っているところだ」と信じて待つことができたからこそ、今の自分があると思っています。

しかし、先ほども言ったように「何もしなくていい」と言われても「何かしたい！」というあなたの気持ちもよく分かります。頑張りたいですもんね！

だったらその〝頑張り〟を違う方向から利用してみればいいだけのことです。

「頑張りをやめることを〝頑張って〟しまう」とは、無理に「集中」と「リラックス」状態を作ろうとしてしまうことです。

でもよく考えてみてください。**〝無理にリラックス〟って、もはやそれはもう「リラックス」とは呼べませんからね。**どちらかと言えば、極限の緊張状態です（笑）。

牛の話でもお分かりだと思いますが、僕自身も引きこもりをしていた時、家族が「早く働け」という言葉で前から引っ張り出そうとしてきました。でも、家族のチカラに抵抗して、余計に家を出たくなくなる、ということを経験しています。

【無意識】もあなたが無理やり【意識】のチカラで頑張りをやめようとしたり、

「無意識のチカラを引き出してやろう！」とチカラを込めれば込めるほど（執着すればするほど）、

牛舎に入らない牛のように【無意識】もそれに抵抗して、反発して、本来のすばらしいチカラを出そうとはしません。

とは言っても……極端に「では、頑張りをやめましょう」と言われたら言われたで、逆に【意識】してしまうのが人の性（笑）。

だからこそそんな時には、後ろ（逆）からも引っ張り出すチカラを加えてあげればいいのです。

そのためにまず必要なものは「目的」です。

また「牛」の話に戻りますが、せっかく「親子で前と後ろ両方からチカラを加える」というすばらしい手段があったとしても、目的地……つまり、牛舎がなければ、この親子は途方に暮れてしまいますよね。

つまり、何のためにあなたは【無意識】からチカラを引き出したいのかをまず明確にす

ることが大切なのです。

冒頭でお話したように、【無意識】の中にはあなたの願いを叶えるための可能性がたくさん詰まっています。でも、あなたが「目的」を持っていなければ、チカラを引き出しようがないのです。

そこでお休みの日にでもいいので、あなたが「目的」を持って【無意識】に働きかけてみて、それに応えてくれるかどうかを簡単なメソッドを通して試してみてほしいのです。

見つけ出すメソッド①：アラームメソッド

●やり方

1 眠る前に「明日は◯時に起きる。目的は◯時。目的に集中する」と心の中でつぶやく（もちろん言葉に出してもいい）。

2 その後、「別に◯時に起こしてくれなくてもいいよ」と軽くチカラを抜くようにつぶやく。

3 あとはそのまま眠りにつく

4 次の日の朝、起きる予定の時間前に目覚めることができたら、メソッド成功。「さすが無意識！　ありがとう」と【無意識】へのお礼も忘れずに！

※最初のうちはあなたの中での【無意識】へ対する疑いもあって、その時間に目覚めることができないかもしれません。仮に失敗したとしても、一度でめげずに何度も何度もチャレンジしてみてください。

【無意識】から見て、「朝、起きること（＝目的）」に「集中」されることは、前からかなりのチカラがかかっています（父親のチカラのように）。

そして、この目的達成のスピードを加速させるために、その目的に対して「起こしてくれなくてもいいよ」と、後ろから弱いチカラをかけます（子どものチカラのように）。

そうすることで、【無意識】は**「起こしてくれなくてもいいよ」というメッセージ（＝弱いチカラ）を振り切ろうと、より「目的（＝朝、起きること）」に「集中」してチカラを引き出してくれます。**

こうして、【無意識】があなたを目的の時間に目覚めさせるのです。

とはいえ、最初は「6時に起こしてくれなくていいよ」とメッセージを送ったあと、心の中で「いやいや起こしてくれないと困るよ！」と反発が起こるかもしれません。

でも、こうやって反発が起きるということは、まだまだあなたは【無意識】のチカラを信頼できていない証拠です。

ではそんなあなたに聞きます。あなたが普段、目覚まし時計をセットして起きていたとして、時計の音に反応したのは【意識】のチカラですか？

もしそうだとしたら、アラームが鳴った、まさにその瞬間にバッ！　と目が覚めるはずです。でもきっとそうではなく、音が鳴った数秒後〜数分後（もしくはそのまま眠り続けるか）に「うるさいなぁ、もう！」となっているのではないでしょうか。

これは、【無意識】がアラームの音に気づいて、その後【意識】が目覚めようとするということを表しています。

また、あなたは今、まばたきについて【意識】していなかったでしょう。でも、この文

章を読んだ途端にまばたきを【意識】し始めましたね？

今までもずっと【無意識】ではまばたきをしてくれていたのに。

つまり、体の動きをコントロールしているのは【無意識】のチカラです。僕たちは【無意識】の働きを【意識】でキャッチしているだけなのです。

だから、ものすごく疲れている時は、【無意識】が体を休めようと、救急車がサイレンを鳴らして外を走っていたとしてもあなたは起きないでしょう。

逆に、好きな人からの電話があると分かっていたら、救急車のサイレンより小さな音でもあなたは電話が鳴ったら反応して起きるはずです（正確に言うと、【無意識】があなたを起こしてくれています）。

こんなふうに【無意識】はあなたにとって大事なもの、重要性の高いものにしか反応しないようにしてくれているんです。

すべてに反応していたらとても眠れたものじゃありませんからね。

だから、【無意識】のチカラを信頼していれば【無意識】もきちんとそれに応えてチカ

ラを引き出してくれるということです。

そのように信頼するためにも必要なことは、何を置いてもまずは「目的」です。

あなたの望みはなんですか？　達成したらどんな気持ちで、どんな場所で、どんな人がお祝いしてくれて、その時、そこはどんな景色で、どんな香りがして、どんな音が聞こえて、どんな感触のものがあって……というようにシナリオにするようにして「目的」を明確にしてみてください。

悩みも同様です。解決してどう在りたいのか？　といったようなことを明確に持つことで【無意識】からしてみれば、あなたをどう助ければいいのかが分かるのです。

絶対にこの本は読んだほうがいい！
あ、でも気が向いたらでいいからね。
……どう？　読みたくなった？

グッバイ！　の法則

ただ、ここまでのことはどんな自己啓発本や成功法則本にも書かれてあることでしょう。問題はここからです。

あなたの心の声を代弁しますと、

「『目的』に集中しても、いつもその集中が続かないのよ！」

ですよね。

僕も引きこもり時代、そこまでは分かっていただけに、それ以降どうすればいいのかを知りたくて追究していました。これを読んでいるあなたもきっとそれを知りたくてこの本を読んでくれていると思います。

なんなら、この本はそこにしか価値がないぐらいに（悲しい！）。

行動することは案外、簡単なんですよ。でも、それを「続けること」ができない。

では期待にお応えして僕なりに追究してたどりついた、「なぜ続けることができないのか」を発表したいと思います。突き詰めて分かったことは2つに集約されました。

それは、

・人は過去に囚われて生きているということ

・自分の価値が低いと、バランスをとるように周囲の人や、組織や社会までも価値が低い（自分を認めてくれない周りや社会は価値がない）と思い込んでしまうこと

の2つです。

逆に言うと、

過去でもなく、

未来でもなく、

今現在、

もっと言うと〝今日という日〟を楽しく生きられているなら、そして、自分も周りも生きていて価値があるんだと認められているなら、**行動はどんなものでも続けることができるということです。**

つまり、過去に囚われずに、

自分の価値を見出すことがきちんとできれば、

必ずと言っていいほど人生は変えられます。

言葉にするととても当たり前のことですよね。きっとそれは幸せで満ち足りていて、充実している人のことです。

そんな人であれば、「より良くなりたい」という人として当然の成長を願う気持ちを胸に、

健康であること、

仕事を懸命にこなし他人を喜ばせること、

好きな人のために心を尽くすこと、などを「続ける」ことができるでしょう。
そうなるためにもまず「過去」という名の亡霊から離れる必要があります。

見つけ出すメソッド②：ハサミdeプッツンメソッド

●やり方

1 座ってでも、立ってでもいいので、その場で足踏みをする。その時に上げた足の重さを感じて、重みを覚えておくようにする。

2 過去にあった自分の失敗や嫌な思い出、今でも蘇る「言われて傷ついた言葉や態度」などを頭に思い浮かべる。

3

過去の嫌な出来事が現在へと流れているのを断ち切るために、ハサミのポーズ（ジャンケンのチョキのポーズ）をとり、自分の体の左側から心臓部分に糸が繋がっているように視線を動かす。

※映像や音楽の再生機器でも、リモコンの巻き戻し（過去）ボタンは左に矢印が向いていて、早送り（未来）ボタンは右に矢印が向いています。そのため、僕たちは【過去から現在】への流れは【左から右】という認識があります。そのため、ここでは過去を示す「左」から現在を示す「正面」へと視線を動かしています。

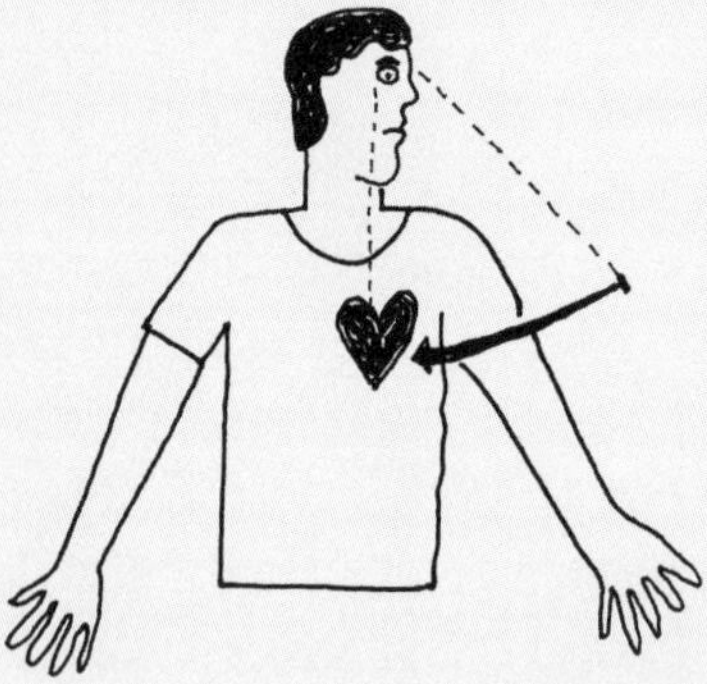

4 「プッツン」と口に出して、その糸をハサミで断ち切る。

5 もう一度その場で足踏みをする。過去の記録が断ち切れると足の重みが軽くなっているでしょう。

過去の嫌な出来事に囚われていることこそが、自分の中に限界を作り、可能性を見えなくし、自分の価値を自分で貶める原因になっています。

むしろ、これさえクリアできれば、もう【無意識】のチカラを簡単に引き出せると言っても過言ではありません。

過去の記録で僕たちは生きて、過去の記録をもとに未来を創り出しているのです。

ここで、僕の書いているブログの読者さんが寄せてくださったエピソードをご紹介したいと思います。

この読者さんの娘さんは、学校の帰り道、いつもしつこくからかってくる男の子に対してなぜか、ちゃんと「バイバイ」と手を振ってお別れをするそうです。

もし恋愛感情があるとしても、嫌なことをされたら普通なら好きな人でも好きじゃなくなります。

でも、この娘さんは

「からかってくることはすごく嫌なことだけど、◯◯くんは好き」

という、大人からすればなんとも複雑な回答をします。

ここで言いたかったのは、「嫌いな人も愛しましょう」ということではありません。

そうではなくて、【嫌いなことは嫌いなこと】、【好きな人は好きな人】という区別をちゃんとしましょう、ということ。

簡単に言えば、〝物事をすべて関連づけない〟ということです。

・黒猫が目の前を横切った〝から〟不吉だ!!

↓「そりゃ横切ることもあるだろうよ……。てゆーか存在否定ひどい！　こっちは必死に生きてるのに。なぜ人間に合わせて歩かニャならんのかニャ？」**by黒猫一同**

・壁にかけてあった時計が突然、落ちた〝から〟霊の仕業かも！

↓「時計を落とす？　我々はあの怨念で人の命をも脅かす霊さまだぞ？　時計を落とすなんてちっちゃいことに時間も手間も使うほどヒマじゃねえわ」**by霊一同**

・歩いていたら鳥にフンを肩に落とされた〝から〟ああ、ツイてない！

⬇「我々のフンを勝手に縁起の悪いものにするなし！　てゆーか、鳥のフンが肩に落ちてくる確率調べてごらん？　そのほうがすごい確率だって！　逆にツイてるんじゃない？　チュンチュン！」**by 鳥一同**

望みを叶えたいと思ってこの本を読んでいらっしゃる方は、こういった例のようにならないよう、**まずは関連づけないことを意識してみてください。**

「○○だから△△になる」という公式はありません。

メソッドをした〝から〟願いが叶うわけでもないし、ウキウキワクワクした〝から〟良いことを引き寄せるわけでもありません。

メソッドはメソッド。

願いが叶う時は叶う。

ウキウキワクワクはウキウキワクワク。

良いことは良いこと。

引き寄せたのではなく、良いことに気がついただけです。

【無意識】のチカラを【意識】で引き出して気がついたのです。

ただ、良いことに気がついただけ。元々、あったのに気づかなかっただけです。

ただ、それだけです。関連づけをするから苦しくなるわけです。

あ、ちなみにこれはあくまで、
メソッドをするな、瞑想をするな、ウキウキワクワクするな、と言ってるんじゃありませんからね！

そうではなく、「それはそれ。これはこれ」です（お母さんにも言われたでしょ？「よそはよそ。うちはうち！」って）。

関係ない2つを関連づけしてしまうと、

「これだけやったのになぜ叶わないの？」となったり、

「これだけ尽くしたのに、なぜあなたは私に『ありがとう』の一言もないの？」となったり、見返りの世界になってしまいます。

先ほどの娘さんの
「からかってくることはすごく嫌なことだけど、○○くんは好き」
という精神をどうぞ見習ってください。

嫌なことは嫌なこと。好きな人はただ好きな人。です。

そして、笑顔でグッバイ（Good Bye）と手を振るから彼女のように笑っていられる人生を過ごせます。そう、グッド（Good）なバイ（Bye）です。

「良き（Good）お別れ（Bye）を！」です。

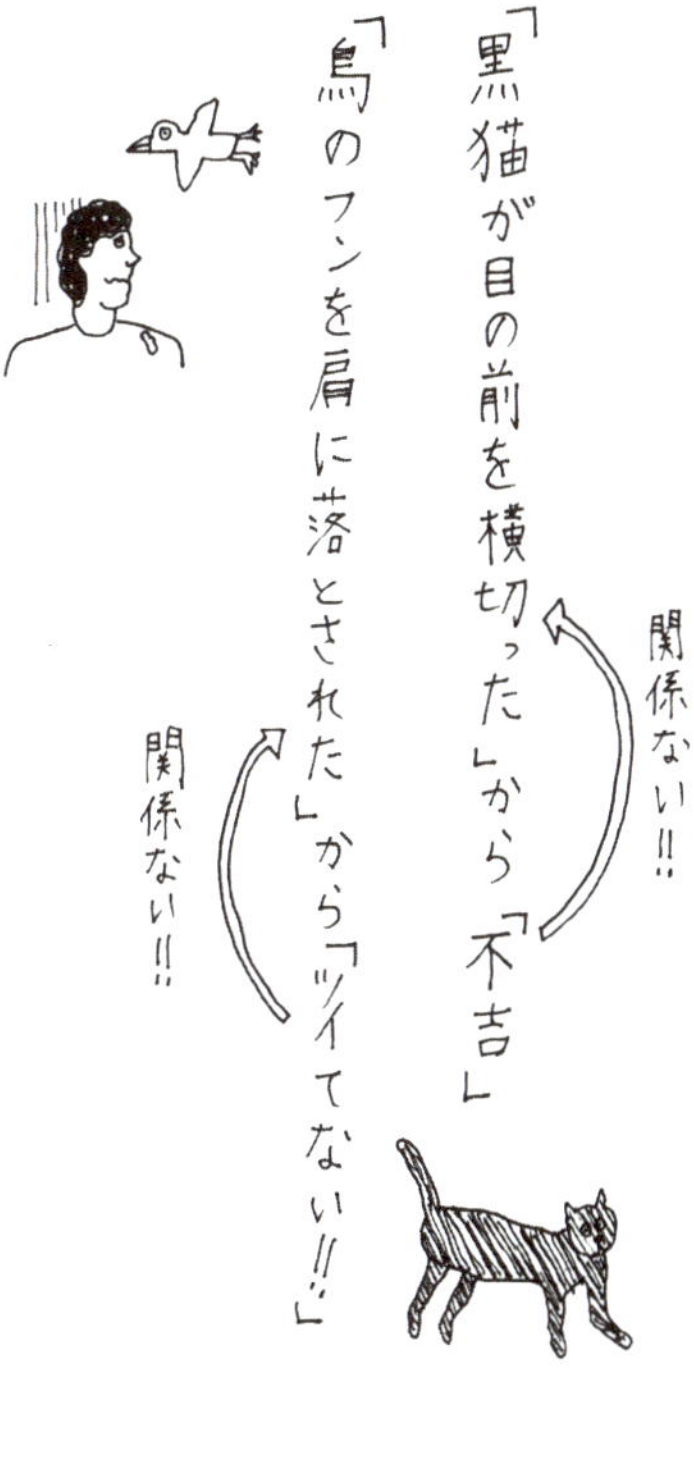
「黒猫が目の前を横切った」から「不吉」
関係ない!!
「鳥のフンを肩に落とされた」から「ツイてない!!」
関係ない!!

僕たちの脳は意識の終着地点を現象化（気づく）するようになっています。

お別れ（Bye＝終着地点）が良い（Good）ものであれば、人にしても出来事にしても良い（グッドな）面にあなたは気づくことができます。

あなたが嫌だなと思う体験でさえ、

「これは自分にとって今、必要な体験なんだな。自分にとって次に向かういい経験なんだ」

ときちんと向き合って認めれば、その経験からあなたにとって身につくものを吸収できます。

過去の失敗や嫌な体験も同じで、それを認めずに明るい未来を想像したところで、過去に引きずられて、「あの時、失敗したんだから今回もうまくいくか分からないぞ」と悪魔が囁くでしょう（グへへへへ）。

僕も昔は関連づけて、

「引きこもっていた〝から〟こんな自分を雇ってくれる会社なんかない」とか、「気持ちが滅入って死にたいと思っていた〝から〟自分には価値がないんだ」と思っていました。

ですが、そういう過去と今日の自分は関係ないと思って、ハサミでプッツンと過去の糸を切った途端、良い方向に人生が向かっていったのです。

「確かにあの時はうまくいっていなかった。人にも迷惑をかけたし、自分を責めて傷つけた。たくさん失敗をしてきた。それは認める。でも、その失敗はこれからの自分とは関係ない」と、失敗や体験を認めた上で、過去と決別をして、未来を見つめました。

今では、「イライラしちゃダメだ。こうやってイライラする〝から〟もっとイライラするような出来事と出くわすかも……」なーんて思いません。

「イライラはイライラ！」

「落ち込む時もとことん落ち込もう！」

「スッキリするまで発散しよう！」

と思ってるからか、ありがたいことにそれ以上のことは現象として気づきません。

というよりもむしろ「これもまた必要な体験なんだ。後々役に立つこともあるだろう」という解釈に変わってきたというほうが正しいのでしょうけど。

過去にあなたがどんな失敗やどんな体験をしてきたかは知りません。

でも、「それはそれ」です。

目をそらさずにきちんとその失敗や過ちを認めたら、それはすべてあなたに必要だった「経験」に変わっていきます。

あなたの【無意識】も今のあなたが「次はきっとうまくいく」と頑張っている姿を応援しないわけにはいきません。

きちんと「グッバイ！」と過去に手を振って別れを告げれば、見えなかったこれからの可能性も見えてきます。

僕たちは年齢も性別も職業も関係なく、誰からでも学ぶこと、気づくことができます。


【グッバイ！の法則＝それはそれ。これはこれ。の法則】


子ども〝だから〟大したことを言わないだろう。知識も知恵も体験も少ないだろう。

そういったことが関連づけです。「子ども」と「発想力」はまったく関係ありません。

素敵な気づきが子どもにもたくさんあります。

それに、自分の内からも外からも引き出すことができるんです。**気づこうとあなたが意識さえすれば。**


「フトシは嫌い。でも、この本は好き」

そう言われたって構わない（泣）！

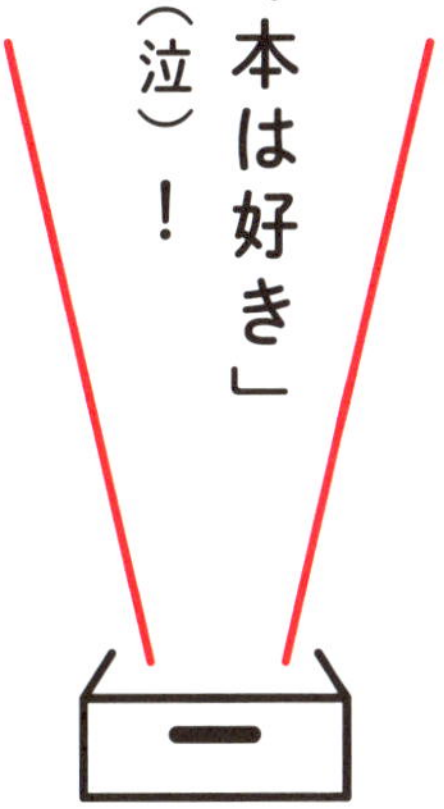

良いモノを吸って、悪いモノを吐く

先ほど、頑張りをやめることは

⬇

「集中」すること

そして、

⬇

「リラックス」すること

だと言いましたね。

頑張らないために僕たちのできることと言えば、この2つしかなくて、**裏を返せばこの2つができている時は【無意識】はチカラを発揮できるということです。**

スポーツ選手でも、勝利後のインタビューなどで

「相手選手の動きがスローモーションのように見えた」

と発言することがありますが、それもこの「集中」と「リラックス」を極めているからこその状態だと言えます。この2つを自分の意思で操り、最大限のパフォーマンスを【無意識】が引き出しているのでしょう。

「でもそれはスポーツ選手だから、そもそもの体の作りが違うだけじゃないの？」と思うかもしれませんが、そんなことありません。

元々、僕にもあなたにも……いや誰にでも、すばらしいアイデアや勇気、それに行動力は備わっています。

それなのに、あなたがそんなパワーは持っていないと思い込んでいるだけです。

もしくは、良いアイデアが思い浮かんでいても「そんなにうまくいくはずがない」と行動に移す前から否定したり、そもそものアイデアに気づいていないだけ、というケースもあるでしょう。

子どもの頃にこんな経験はありませんか？　遊びに夢中になり過ぎて、時間も忘れてすっかり夕方。でも、あんなに走り回ったのに、全然疲れていない。

この現象もまさに同じ要領で起こっていて、遊びに「集中」し、楽しくて「リラックス」できているから、いつも以上のチカラ（体力）を引き出しているということです。

つまり、子どもにすら眠ったパワーがあるんだから、大人のあなたにも間違いなく潜在パワーがある！　ということになりますよね。

ところが「リラックス」は言い換えれば〝力を抜く〟こと、〝身を任せること〟ですから、【意識】のチカラで行うのは難しいでしょう。

それは、〝力を抜くこと〟に【意識】を傾けた時点で〝力が入る〟ものだからです。

でも僕が知る限り1つだけ、【意識】のチカラで「リラックス」状態を作る方法があります。

それが、呼吸の方法を変えてみることです。

【意識】のチカラで脈拍を速めたり、血液の循環をいつもの倍のスピードにしたりすることはできませんよね？

でも、唯一と言ってもいいかもしれませんが、僕たちが『命の躍動』に関わること、つまり【無意識】の領域に【意識】のチカラで働きかけることができるのが〝呼吸〟です。

あなたは今も呼吸をしていますよね？(してなかったら死んでますからね！)

その呼吸は深いですか？　それとも、浅いですか？

〝息〟という字を見ても分かるように、〝自〟分の〝心〟と書きますよね。

呼吸（息）は今のあなた（自分）の心の状態を表しているのです。

不安な時や恐れがあったり、悲しい気持ちの時、緊張している時は体の筋肉もこわばって呼吸が浅くなります。

それは十分に酸素を吸えていないということ。脳にしっかりと酸素を送り込めていないということでもあります。

深い呼吸で脳に酸素が十分行き届けば、脳波はリラックス状態のα波になり、ドーパミンやセロトニン等のホルモンが出て、

リラックスすると同時に集中できるようにもなります。

そんな難しい話を知らなくても、とにかく〝呼吸はゆっくりと行うほうが良い〟ということはたくさんの方の常識になっていると思います（瞑想やヨガ、それにストレッチの時に、めっちゃ速い呼吸でやってたら恐いですよね。笑）。

そして、この〝ゆっくりと呼吸すること〟と同じくらい意識すべきなのは**〝どんな空気を吸って、どんな空気を吐くか〟なんです。**

見つけ出すメソッド③：カラーブリージングメソッド

●やり方

1 椅子に座ってもベッドやソファに横たわってもいいので、目を閉じて楽にできる姿勢をとる。できれば毎日同じ場所でやる（同じ場所でやることで、【無意識】が「この場所でやればリラックスする」という認識ができるため）。

2 まずは大きく息を吐き切る。そして、息を鼻から7秒間かけてゆっくり吸う。その時に明るい色（ピンクでもゴールド）の空気が体内に取り込まれているイメージを持ちながら吸う。

3 吸った酸素が脳から足のつま先まで行き渡るイメージを持つ。

4 息を吐き出す時は口から。胸の中にある疲れや不安や心配事などを黒い色のモヤとしてイメージする。そのモヤを口を大きく開けずに細く長くゆっくりと7秒間かけて吐き出す。

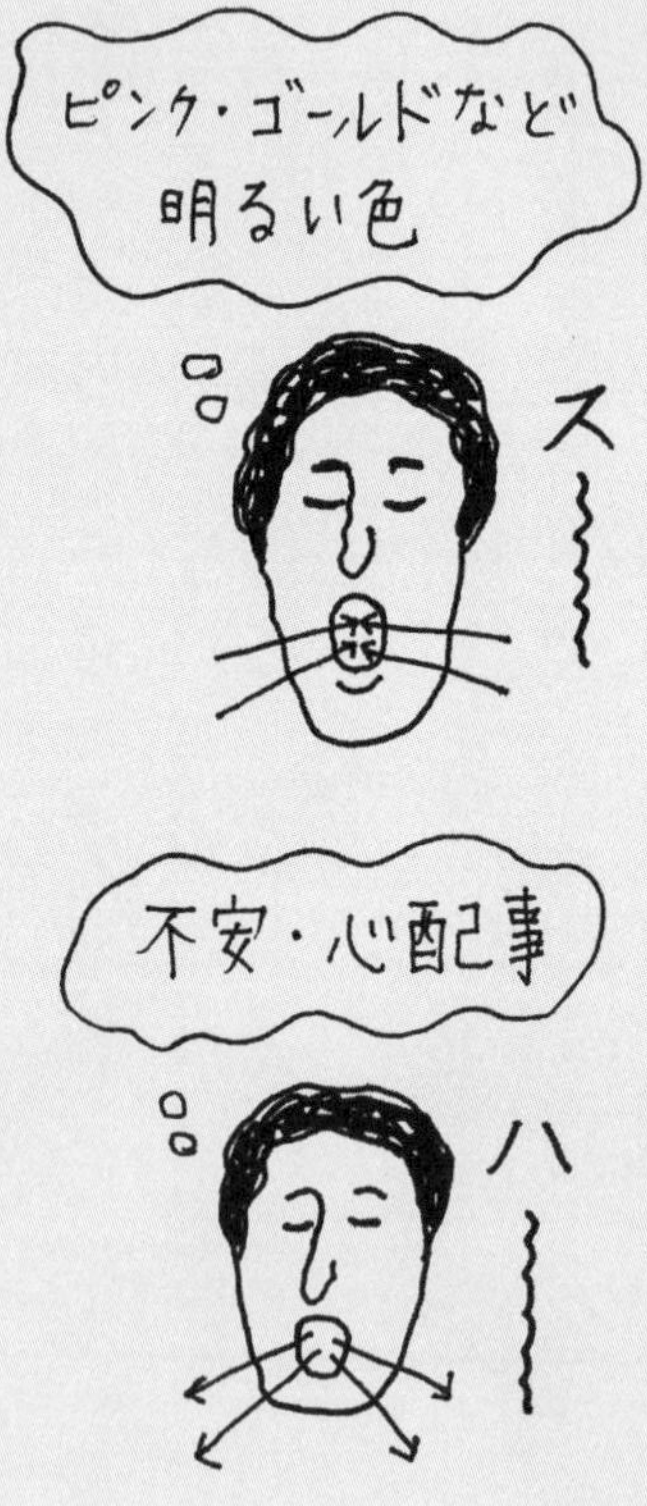

5

2〜4をワンセットとして、5回繰り返す。

自分の中に取り入れる酸素は明るい色に満たされるようなイメージで、吐き出す時は自分の中の溜まった邪気を外へ出すようにします。

これを毎日繰り返せばリラックス状態を作れる上に、集中力も同時に高まります。

5セット繰り返してもたったの1分。これなら忙しいあなたもできますよね？

もっと深いリラックス状態を創り出そうとするならば、息を吐く時にも鼻から吐いてみてください。鼻からゆっくり吸って、鼻からゆっくり吐く。そうすれば眠くなるほどリラックスしてくるはずです。

その時の脳波はθ（シータ）波と呼ばれ、【無意識】の領域に繋がっています。そこで晴れて【無意識】とのご対面。思いもよらなかったパワーが湧き出てくることでしょう。

呼吸で大好きなものを体に満たそう！
呼吸で悪いものは体の外に出そう！

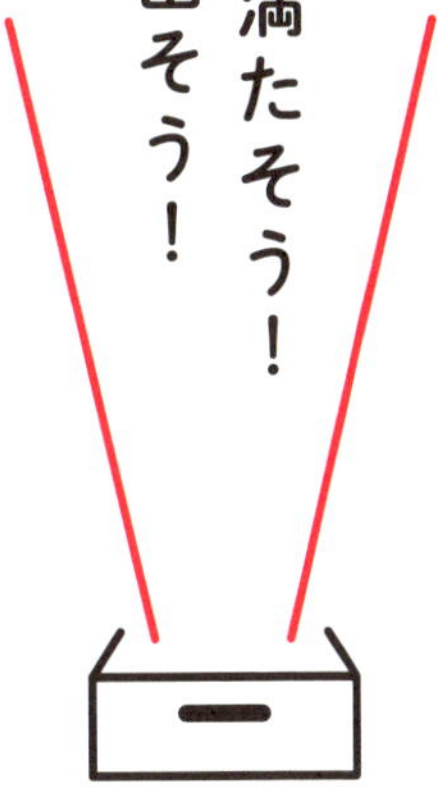

二兎追うものは二兎得る

願いや望みを叶えようと必死になっている人も、悩みを解決させようと躍起になっている人も、**リラックス状態とはかけ離れた、執着や緊張といった気持ちでいることが多いと思います。**

そこには

「いいなぁ、あの人は優しいパートナーがいるし、お金にも困ってないみたいだし、人生勝ち組だよね」

という他人との比較によって自分の価値を低く見積もってしまう観念があるのかもしれません。

いわゆる「自分だけがうまくいっていない」という〝焦り〟や〝不安〟ですね。

または、「うまくいく方法なんてあるのかしら？　私には思いつかないわ！」というような〝限定思考〟があるのかもしれません。

そこで、こんな課題を乗り越えるトレーニングをしてみませんか？

あなたは今、困っています。

え？　何に困ってるかって？

それはどちらにしようかな？

ということでです。

あなたはこの度、結婚をして新しい家に引っ越しました。

インテリア全般、家具もなにもかも全て揃えなければいけません。

ところがラッキーなことに、今度引っ越した家の側には、大きくはないけど品揃えはそそこそこある個人が営むインテリアショップがあります。

その店をパートナーと一緒に覗いてみたんです。

するとなんと！　そこのオーナーはパートナーの古くからの知り合いではありませんか！

「これはツイてる！　家具も安くしてもらえそうだし、色々と話も聞けて納得のできる家具選びができそう（あなたのこの時の目、大層やらしい目つきをしていたそうな）」

あなたの気持ちは高ぶり、オーナーにも「家具をオーナーのお店で揃えたい」旨を話し、週末にパートナーとじっくりその店で家具を選ぶことにしました。

―週末

オーナー「ようこそいらっしゃい。ゆっくり見ていってね」
……。

……。

……。

――この時間、10分ほど。

「ん？　なんだかなぁ」

あなたとパートナーは頭を悩ませ始めます。

何に？

それはあなたとパートナーが望んでいたのはアジアンテイストのインテリアなのに、そのお店にあったのはヨーロッパで主に使われてる家具やアンティーク調のものがメインだったのです。

あなた（心の声）

「ツ、ツイてない。他の店でいい家具があったのを見つけたんだけどな……。よりによってここでは扱ってないなんて。

正直、他の店で探したい……。

でも、家具をこの店で一から揃えることをオーナーには言っちゃった手前、ここで買わないのもまずいよね」

そんな思いを抱きながらパートナーに目をやると、パートナーも同じように思っていそうな表情を浮かべています（『ちびまる子ちゃん』で言うところのタラーン状態）。

このインテリアショップの近くに住むことになったのですから、あなたはこれからもそのオーナーともお付き合いがあることでしょう。

さて、こんな時あなたならどういう選択をしますか？

オーナーとの関係を円満にする思いを優先しますか？
それとも、あなたが欲しい家具を他の店で買いますか？
色々な考え方が人の数だけあるはずです。
それに、もちろん正解はありませんし、間違いもありません。
あなたが考えたことが正解です。
模範解答すらありません。
何を考えても自由です。
「また引っ越し直す！」という答えだってありです（笑）。
とにかく少しの間、あなたならどうするか考えてみてください。

さぁ答えは出ましたか？

こういう課題を考えると、どうしても現実的に解決しようとするアイデアしか出てこないのではないでしょうか？

常識とはかけ離れたアイデアが思い浮かんだとしても、「そんなの無理に決まってる！」と思ってはいませんか？　考えるのは自由なはずなのに。

そして、僕たちの頭の中では、どちらか一方を優先して考えがちです。

「両方を手に入れるのは無理だわ」という前提でモノゴトを考え、さらに「どちらか一方なら何とかなりそうだわ」という先入観がある人も多いかもしれません。

でも、この問題を出した本当の意図は〝両方を手に入れる〟にはどうしたらいいだろう？　という可能性を探ってほしかったからです。

もちろん、どちらか一方を選択してそれで自分自身が納得して満足いくというのであれば問題ないし、間違ってるとも言いません。

でも、思考パターンをどんどん広げていくには、無理は承知で両方を手に入れる方法を考えてみることです。

そしてこの可能性を広げるためにはまず、自分の中にあるたくさんの思い込みを変えていく必要があります。【思い込み】というのは、1つの考えに固定化されるということ。それを外せば、あらゆる可能性が入ってきます。

そこでこんなメソッドをご紹介します。あなたは可能性をいくつ見つけ出すことができるでしょうか？

見つけ出すメソッド④：7つの秘宝メソッド

●やり方

1 あなたが今、欲しいものを一つ思い浮かべる。

2 それをどうすれば手に入れられるか（可能性）を7つ考えてみる。

例：新しいワンピースが欲しい→①買う　②誰かのお古をもらう　③自分で作る　④物々交換する　⑤お金持ちのおじさんに買ってもらう　⑥Tシャツを伸ばしてワンピースにする　⑦漫画のほうの『ワンピース』を買って自分を納得させる

3 このメソッドを終えた後に、もう一度先ほどの【可能性】についての課題を考えてみる。

自分が欲しいものを手に入れるには本当はたくさんの可能性があります。

そこで、7つ方法を考えることで突飛なアイデアや可能性が見つかってくるはずです。

3つだとすぐに思いついてしまうし、10個だと考えるのが億劫になってしまうので、7つぐらいがちょうどいいと思います。

これはあなたの願いや悩みごとについても応用が効きます。

このメソッドを使えば、自分では考えもつかないアイデアが出てくることもあるでしょう。あなたの【無意識】にはたくさんの可能性が本当は眠っているのに、それを見過ごしているだけです。だからこそ、このメソッドを行った後に、もう一度課題を考えてみると、今度は違った考えが思い浮かぶかもしれません。

例えば、「知り合いのオーナーからも買ってあげたい」という思いと、「自分の好みのアジアンテイストの家具を手に入れたい」という思いを両立させる可能性を探っていくと……

オーナーに自分たちの好みの家具を伝えて、

⬇それを取り扱ってるお店からオーナーのお店へと卸してもらい、

⬇結果的にオーナーから買うということで、

両方の思いを叶えることができます。

もちろんこれは1つの可能性であって、他にもあるでしょう。
ただ、他の人からすれば「そんなバカな!!」という発想だとしても、ひとまず突飛かもしれない発想をしてみることが大事なのです。

なぜ大事かと言うと、当たり前ですが、「どちらか一方だけを手に入れるには?」という考えをしている限りは両方手に入れる方法が浮かばないからです。

「両方手に入れるにはどうしたらいいだろう?」と考え始めると、そちらを目的地として【無意識】は情報を集めようとしてくれます。

【可能性】とは言うけど、【不可能性】とは言いませんよね?

それは【可能性】とは、〝できることだけ〟をイメージするからです。

現実的かどうかは一旦置いておいて、可能性を考えるということはあなたが「できる！」と思ったことをイメージしていることでもあります。

いや、むしろイメージできることしかあなたの【意識】には上がってきません。

イメージができるということは、理論的にはそれは現実化できるということでもあるのです。

そして、「可能性を考えてみる」ことをしてもらったのには、もう1つの理由があります。

あなたが一生懸命考えた可能性やアイデアは、これからのあなたのチカラになるということを知ってほしかったからです。

誰かに答えを教えてもらうわけでもなく、正解を自分で創っていくということは、どんな自己啓発本を読んだり、どんなスピリチュアルな世界を知ることよりもすばらしく尊いこと。

きっと〝その想像〟が苦しい状況になった時にあらゆる可能性を考えて、自分自身で道を切り開くチカラになる！

そう思って、あなたにはこの課題を考えてもらいました。

「自分にはその発想はなかった。やっぱり自分は普通だな」と落ち込む必要なんてまったくありません。

良いアイデアを思いつこうが、思いつかなかろうが、

可能性を考えている瞬間こそがすばらしいし、脳にとっても良い影響を与えるからです。


あなたが可能性を考えている時は過去ではなく、未来の期待を脳内に描いているため、**その時に不安や心配といったものはありません。**

できようができまいが、可能性を考えるということはあなたが幸せに向かって歩き出しているということ。

「これしかない」ではなく、「これもあるかもしれない！」と考える癖をつけてみてください。

無限の可能性を止めていたのは他でもない、あなた自身の思考だと気づけるはずですから。自分の中には「これしかない」という思い込みがあると、もうそれ以外は見えてきません。

だからもし機会があれば、今回のお話をお友達や家族にもしてみて、他の人の考えも聞いてみてください。

他の人のアイデアや可能性を見るということは、あなたにとって「自分の思い込みを見つける」ことにとても役立ちます。

「あ、そういう考えもあったか！　私はまた限定思考にとらわれてた!!」というように、他人という存在があって、あなたは初めて自分の思い込みに気づけます。

僕たちはついつい「欲張っちゃいけない」とか、「今、あるもので何とかしなくちゃいけない」と思い込んで、可能性を狭めて考えてしまいがちです。

誰もあなたに欲張っちゃいけないと言ってるわけでもないし、頼んでもいないのにね。

だからこそ、他の人の答えや考えを聞くことで、自分自身がいかに自分の思考を不自由に縛っていたかに気づけることでしょう。

そして、自分の思考が自分を一番苦しめていたことにも。

〝限定思考〟と呼ばれる「これしかない」という考えは「ない」というほうに焦点が当たっています。**すごくシンプルですが、「ない」と思ったら目の前に「あって」もそれが**

見えなくなるものです。

そう、鏡を見て、初めて自分の口の周りにナポリタンのソースがついてることに気づくように——。

そして、恋人とのデートをたっぷり満喫した後、化粧直しをしていたら歯に青のりがついていたことに気づくように！

全部の情報を取り入れてたら脳が処理しきれずパンクしてしまうから、人間は見たいものしか見えないし、聞きたいことしか聞こえてきません。

だからあなたの脳はパンクしないように、

「（あなたが）見たいもの・聞きたいもの・感じたいもの」

だけを取り入れるようにしています。本当にあなた思いですよね、あなたの脳は。

〝日頃パンクしないように守ってくれているお礼〟を言っといたほうがいいかもしれませんね。

そして、そのお礼と同時に、他にもたくさんの可能性があることにも目を向ける。

そうすることで、【あなた】という名の【タイヤ】自体に入る〝空気の許容量〟がどんどん増えていきますように――。
少なくともパンクだけはしませんように――。

風船自体をどんどん大きくできれば、
どれだけ空気を入れたってパンクしない！

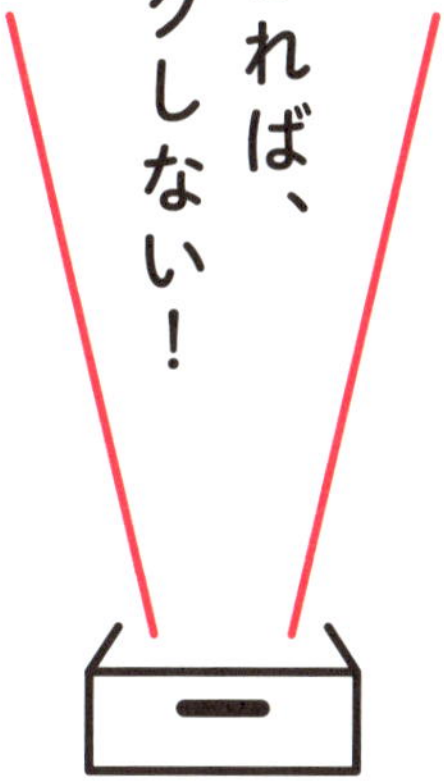

上から目線があなたを救う

これまでの章で、
【言葉に出し】、
【体を動かし】、
【新しい可能性を見つけ出す】
ということをメソッドを通して、やっていただきました。

ですが、僕たちが人生を変えるために（行動を続けるために）、本当に変えたり、見つけ出さなければいけないのは、**自分の中にあるモヤモヤした違和感です。**

その理由はこのモヤモヤがある限り、どんな本を読んでも、どんなセミナーを受けても、人生が変わらなかったり、

望み通りにならなかったり、
悩みを解決できなかったり……。

または日々が充実しているはずなのに、どことなく満足感が得られないからです。

「モヤモヤ」ってその言葉の通り、実体がない感じがして、これをやったら解決できる！

という特効薬がないところがもどかしいですよね。

頭痛だったら、半分のやさしさと半分の痛み止めさえくれれば解決できるのに。

ではそもそも、このモヤモヤの正体はなんでしょうか？

その正体とは
〝惨めな自分〟
〝無条件に愛されていない〟
という感覚です。

あなたが子どもの時、笑ったり、歯が生えてきたり、言葉を話したり、箸を持てただけで、きっとあなたは親から拍手喝采、手放しで褒められたことでしょう。

もしかしたら「この子は天才かもしれないわ！」と、あなたの両親は天才キッズとしてあなたをテレビ局に売り出そうとしたかもしれません（笑）。

そんなにも褒められていたはずなのに、それがいつの間にか手放しで（無条件で）褒められなくなったと思いませんか？

いつからか他人と比較し、比較され、評価し、評価され、何か見返りが必要な気持ちになってきたと思いませんか？

例えば、仕事を辞め、何もしていない日々を過ごしていると、何だか罪悪感のようなものを感じてしまうとか――。

アルバイトや不安定な仕事に就いたら、どこかで自分は落ちぶれたなぁと感じてしまったりだとか――。

結婚をしていなかったり、子どもがいないだけで、まともな人生でないと感じてしまったりだとか――。

そうやって〝惨めな自分〟や〝無条件に愛されていない自分〟があなたの中に作られていきます。

じゃあ、そういった自分を追い出せば、モヤモヤも消えて、人生は簡単に変えられるのか！　と言えば……それはそんなに簡単なことではありません。

それはなぜかと言えば、あなたの【無意識】が、行動を続けないこと（途中で諦めてしまうこと）で、「惨めで愛されていない自分がいるからこそ誰かに優しくしてもらえる」と勘違いしてしまっているからです。

もっと言えば「不幸でいること」が誰かに愛され、優しくされるのには一番手っ取り早い方法だと認識してしまっているからです。

―幼い頃。普段は厳しかった両親もあなたが風邪を引いた時だけは、ワガママを聞いてくれたり、いつも以上に優しくしてくれるといった経験があるでしょう。

そのせいで、自分がダメな状態でいる限りは、
手を差し伸べてくれる、
愛される、
優しくしてくれる、
と思い込んでしまっているのです。
そうやって作られた思い込みのおかげで（〝行動が続かない自分〟を見せることで）、**自分がダメな時には周りには優しくしてもらえるものだ！　と【無意識】に考えてしまうわけです。**

そしてさらに、「そんな惨めな自分を変えたい！」と【意識】で思うということは、前提として〝今の自分は惨め〟という状況があるわけですから、「自分は惨め」というイメージがどんどんあなたの中ででき上がっていきます。
そんな自分を見たくないし、見ないようにと、
あなたはまた違う本を読んだり、

セミナーに参加したり、
あらゆるメソッドを試してみたりして、
手当たり次第に逃げられる場所を見つけようとします。
でもそれは、〝惨めな自分〟、〝無条件に愛されていない自分〟という箱の中でぐるぐる一生懸命逃げ回っているだけです。
だから、どこに逃げたとしても「人生が変わらない」と感じてしまうのです。
人が箱の中にいるから〝囚われる〟という字を書くように。

だからこそ、あなたが望みを叶えたり、悩みを解決させたり、新しいアイデアや可能性を見つけるためにしなければいけないこと。そして、【無意識】のチカラを抑え込んでいるリミッター（制限）を外すためにやるべきこと。

それは〝惨めな自分〟や〝無条件に愛されていない自分〟という過去の記憶に自分が支配されていることに気づいて、今度はあなたが過去の記憶を支配する側に回るということです。

つまり、「過去の記憶」を自由にしてあげるのです。

見つけ出すメソッド⑤：上から目線メソッド

●やり方

1 頭の中にある過去の嫌な思い出や記憶をゴミとして紙くずを丸めるようなイメージをする。

2 その記憶のゴミの塊を頭から両手で取り出すポーズをする。

3 取り出した過去の記憶のゴミを頭の上からゆっくりと胸まで下ろしてきて、ゴミ箱に捨てる。（エアーゴミ捨て）

4 その捨てた記憶のゴミを上から見下ろす。まさに上から目線でゴミを眺める。

惨めだと思っていた自分も、
愛されていないと思っていた自分も、
愛される価値がないと思っていた自分も、
傷つけてきた自分も、
否定してきた自分も、
必要とされていないと思っていた自分も、

すべて過去の記憶が創っていただけです。
つまり、思い込みです。

その「過去の記憶」はゴミとして捨て去り、「過去の自分に支配されるのは終わりだ！」と言わんばかりに上から見下ろしてください。

そうやって頭の中に詰まったゴミを空っぽにすれば、新しい可能性やアイデア、そして思わず行動したくなる〝その気〟が流れ込んでくるスペースができます。

レモンをかじったことをイメージしただけでも唾液が出るように、【無意識】はあなたがゴミを捨てたフリをしたことも本当に捨て去ったことだと錯覚しますからね。

痛いの痛いの飛んでけ〜！
そして、過去の嫌な思い出も飛んでけ〜！

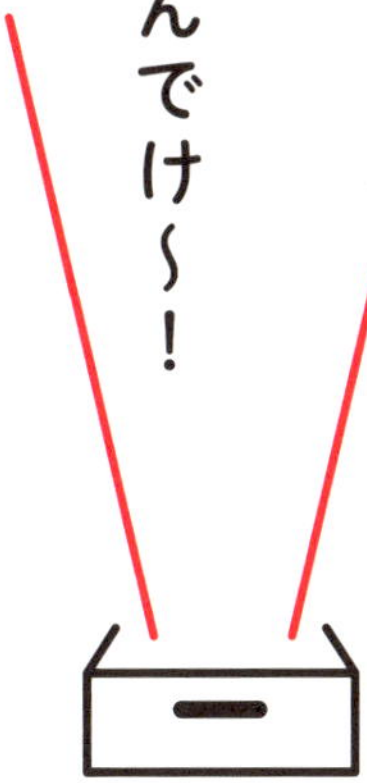

他の誰かや何かではなく、自分自身に期待する

さて、ここまで紹介したメソッドについて、あなたの中で何かお気づきの点はありますか？　実は驚きの事実が1つあるんです。

……もしかしたら気づいている方は気づいていらっしゃるかもしれませんね。

これらのメソッドをやったからといって、すべての願いが叶うとか、望み通りになるとか、悩みが解決するわけではない、ということに（そ、そんなぁ！）！

すべて望み通りになるような、そんな無敵のメソッドがあるなら僕が教えてほしいぐらいです（笑）。

では紹介してきたメソッドは何のためにやるのでしょうか？

願いを叶えるため？

悩みを解決させるため？
不安や恐れを消すため？
解釈を変えるため？
いいえ、違います。

あなたが相手や外側の世界にではなく、自分自身に【期待】するためです。

自分に【期待】するとは……

「願いを叶えるだけのチカラが自分の内側にある」と確信することです。**そうやって自分自身に【期待】できるようになると、人にもモノにも期待感を持たないし、見返りも求めなくなります。**

ただただ今の自分で「十分」という気持ちになってきます（この理由は後述しますね）。

そして、そうやって考えられるようになるといよいよ、自分の【意識】には願いを叶えるチカラがないと認められるようになり、過去の記憶に支配されていた自分も捨てられ、【無意識】の領域が出した答え（可能性やアイデアやひらめき）を信頼して、行動に移していけるようになります。

とはいっても、現実では、僕たちは本当にたくさんの【期待】を目の前の相手や外側の世界に抱いてしまいがちですよね……。

・**誕生日にはお祝いしてくれるものだ**（ケーキなんていらないから、ブランドバッグか財布をちょーだいね！）
・**メールを送ったんだから返すのが当たり前だ**（え？　既読スルーですか？　え？）
・**デートの時はレストランを予約してくれているものだ**（デートなのに、ラーメン食べるとかありえないんですけど！）
・**まだ未成年のうちは子どもは親の言う通りにするものだ**（王様と親の言うことはぜったーい

い！）

・家業は継ぐべきだし、代々継承していくものだ（100年継ぎ足しのタレってなんで腐らないんでしょう？　誰かご存じないですか？）

・これだけ瞑想もメソッドもしたのだから、事態は好転するものだ（瞑想したのに、迷走ばかりしてるんですけど！）

こういった相手や意識の外側への【期待】があなたの願いを叶える邪魔をしていたり、悩みを解決させるのを遠ざけていることに気づきましょう。

願望がなかなか叶わなくて苦しんだり、悩んだりしている人に聞きます。

「こうしてくれたらいいのに……」と相手に【期待】していないですか？

相手や外の世界の出来事などに【期待】して、それと違う結果になれば、不平不満、不足、裏切られた想いでいっぱいになっていないですか？

自分の望み通りにならないいんじゃなくて、それはただ相手に【期待】していた自分がおろかだっただけ。相手が何とかしてくれるだろう……なんて考えていたのは自分の勝手な思い込みにすぎないんですよね。

さらに言えば、相手や外側の世界に【期待】するということは、裏を返せば自分が今まで積み上げてきたもの（自分自身）を否定しているのと変わりありません。


その結果、単に努力や行動が足りないだけなのに、

「これだけしてるのにどうしてうまくいかないの？」

「あいつのせいよ！」

と他人のせいにするという、よからぬ考えになるのです。

願いを叶える最後の（大事な）一手を担う【自分】を否定して、さらに他人のせいにしているわけですから、（それこそ本当の奇跡でも起きないかぎり）願いが叶ったり、望み通りになるはずがありませんよね。

まずそこに気づけるかどうかが大事です。

ここで分かりやすい例をもう1つ挙げます。

将棋の羽生名人がなぜあれほどまでに生きる伝説のように勝てるんだと思いますか？

これもやっぱり、相手や出来事や状況ではなく、自分自身に【期待】してるからだと言えます。

羽生名人（……に限らず、一流のスポーツ選手）は、

「相手がミスをしないかなぁ。してほしいなぁ」

とは考えていないはずです。もしそう考えている選手がいるなら決して一流にはなれないでしょう。

そんなことを考えていたら【無意識】は負の方向に働くからです。

また、一流ゴルフ選手のタイガー・ウッズにこんなエピソードがあります。

相手がパターを外せば自分の勝利が確定、決めれば延長戦。

そんな時ウッズは敵のショットにもかかわらず「入れ！」と強く願うそうです。

そのほうがお客さんも楽しめるから、そして、相手のミスではなく自分のチカラで勝ちたい――というプロとしての思いもあるからかもしれません。

しかし、【無意識】への影響も考えてのことだと僕は思っています。

「入れ！」と願って、本当に入ったら、自分の望み通りになったということ。喜んで延長戦を戦えるでしょう。

けれども、「外せ！」と思っていたのに、実際は入ってしまったら……すごく動揺しますよね。**ズタボロのメンタルで延長戦に臨むことになってしまうはずです。**

もちろん先述したように、他人から自分への【期待】に意識が切り替わったとしても、突然願いが叶うわけでもないし、悩みがきれいさっぱりなくなるわけでもありません。

でも、常に自分に【期待】してベストを尽くしていれば、もう〝叶う・叶わない〟は関係なくなっていくのです。

「叶っても叶わなくても構わない。やるだけのことはやった。今が十分満たされているから幸せ」

こんなふうに思えるようにもなってきます。

そう、ただただ今の自分で「十分」という気持ちになっていくんですね。

するとなぜか、そう思えたタイミングで不思議に願望が叶ったりするものです。

最後に――。

自分のことを惨めだと思っている人もいるでしょう。

でも、本当にあなたが惨めだったら、本当に愛されていないのなら、あなたはもうとっくにこの世にいないはずです。

あなたが眠っている間に、【無意識】はあなたの息を引き取っているはずですから。

でも、あなたは生きています。

あなたがどれだけ怒っても、泣いても、お腹は空くし、眠くもなります。あなたの意思とは関係なく。

なぜでしょう?

それは【無意識】があなたに生きてほしいと願っているからです。あなたが生きて、幸せになるために、愛してくれているからです。

何度失敗しようとも、つまずこうとも、あなたが立ち上がるのを期待しているからです。

そのために【無意識】はあなたの体を動かし、喜怒哀楽の体験をさせているのでしょう。【無意識】は今か今かとあなたがそのチカラ（無限の可能性）を引き出してくれるのを待っています。

あなたに「人生はまだまだこれからだ！」と伝えたくてね。

こんなにも愛してくれる【無意識】を愛さない（期待しない）なんてひどくない？

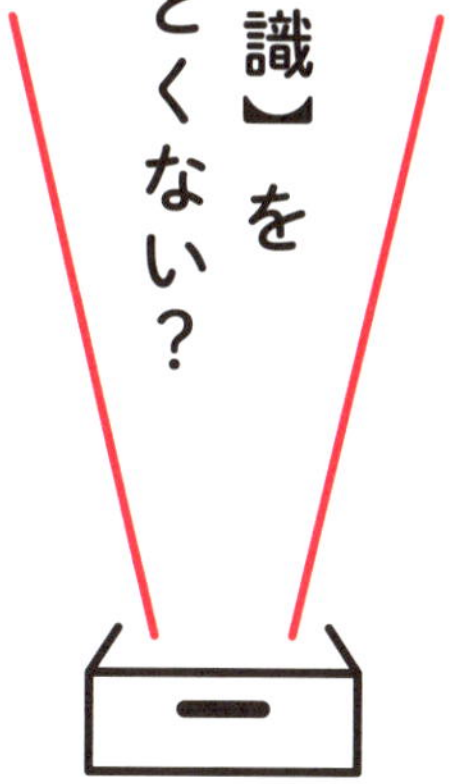

おわりに

笑い出す

おわりに　笑い出すかどうかはあなた次第

この本でご紹介したメソッド……もしかしたらほとんどの人が読むだけで、やっていないかもしれません。

あなた「だって、面倒くさいもん！」

そ、そうなんです……面倒なのです。

「○○してください」と言われた時に、ほとんどの人が面倒だと言ってやらないからこそ、毎日毎日、書店には「ダメな自分を変えて、明日から成功体質に！」的な本が並べられるわけです。

そんなことを言ってる僕の本も書店に並んでいるので、結果的に〝同じ穴のムジナ〟と言われることでしょう。でも、それでも言います。

人が変われないのは、正論だと分かっていても面倒で行動を起こさないからです。

ここで言う「面倒」とは、重い腰を「どっこいしょ！」と持ち上げて動くのが面倒という意味ではなくて、**〝考えを変えたくないという面倒さ〟**のことです。

〝考えを変えたくない〟というのをさらに説明すると、「メソッドなんかで何も変わるはずがない。本当に無意識の領域に効果があるか分からない」と言って、変われない自分を正当化している、ということです。

今回、例えば「欲しいものを手に入れるためのアイデアを考えてください」と言われた時に、

「はいはい、思い込みを外すワークね。

前に本で似たのを読んだから知ってるわ。

こんな感じでやればいいんでしょ」

と、やる前からすでに予想を立てていませんでしたか？

こうやって予想を立ててしまうのは、今までの考え方を覆されるのが怖いからです。そして、間違ってはいけない、失敗はダメだと思っているからかもしれません。

「失敗は嫌だ!! 結果だけ私は欲しいのよ！ だって今、すごく苦しいんだから！」と言う、あなたの気持ちも分かります。

でもその失敗、こうは考えられませんか？

「〝失敗した〟というこの体験は、親にも友達にも恋人にもできない、私だけの貴重な体験なのかもしれない」……というふうに。

僕が心に闇を抱えていた20代の時は、〝失敗〟を到底「素晴らしい体験をしている」なんて思えませんでした。

でも、闇に一筋の光を差し込ませることができたのは、

「失敗や挫折そのものは確かに苦しいし辛い。

でも、その体験ができたことは素晴らしいこと。そこに関連性はない。

だからもうその体験は卒業する。卒業おめでとう。そして、ありがとう」

と、失敗という体験を肯定したからです。

僕たちは、
嬉しいことも、
悲しいことも、
成功することも、
失敗することも、
経験するために生まれてきたと言えます。

「〝嬉しい〟とはどういうことだろう？　〝悲しい〟とはどんな気持ちだろう？」と、まだ未体験なことに仮説と検証を重ねて生きているのです。

逆に、予定調和（すべてが予想通り）の毎日であることほどつまらないことはありません。だってそんなの結末を知っている推理小説を読んでいるようなもので、**それならあなたそっくりのロボットにでも人生を送ってもらえばいいだけのことですからね。**

あなたが今、生きている意味。

それはまだ体験していないことをするためです。

人が本当に老いていくのは「新しいことに興味がなくなった時」とも言われますが、年齢を重ねれば重ねるほど「明日もまた今日の繰り返し」と思うことが多くなるでしょう。そして、そうなると頭で考えるだけで、行動しなくなります。結果を予想して「どうせ……」と勝手に決めつけるからです。

もちろんあなたの言う通り、願いが叶わないことだってあります。

でも、〝叶わないこと〟だって、すばらしい体験の1つなんです。

だから矛盾しているかもしれませんが、立てた予想を裏切られたとしても本当は喜ばなければいけません。

納得いかないかもしれませんが、それこそが生きる意味なんじゃないでしょうか。

「願った通りに願いが叶うこと」

「願ったけれど叶わなかったこと」

どちらにしてもあなたの目的は新しい体験をすることなのですから……

そういう意味で、全てはあなたの望み通りです。人生は今すぐにでも楽しくなるんです。あなたがその気にさえなれば――。

どうか今日からは未来を勝手に決めつけたりしないでください。まだ一寸先すら何も決まっていません。

決まっているわけがありません！

誰も未来なんて知るわけがないんですから。

それでは僕からあなたに贈る最後のメソッドです。

このメソッドを機に、あなたが過去の経験をもとに、これからの人生を決めつけたりしませんように。

そして〝予想外の毎日〟を少しでも楽しめるようになりますように。

笑い出すメソッド：にらめっこメソッド

●やり方

1 両手を使い目尻を下げ、逆に口角は上げて顔をつぶすように力一杯くっつける。

2 その顔がどうなっているかを頭で予想してみる。

3 その顔のまま鏡の前に移動して、鏡に映った自分の顔を見る。

4 苦しくなったり、悩みが出てきたらこのメソッドをやってみる。

どうでしたか？
思わず笑ってしまいませんでしたか？
予想していた顔と全く違っていませんでしたか？
楽しい気分になりませんでしたか？
笑う気分じゃなかったかもしれません。
なんだったら落ち込んでいたかもしれません。

それでもあなたは笑えます。
まだ笑えます。

テーマパークに行かなくても、
お笑い番組を見なくても、
音楽を聞かなくても、

本を読まなくても、
講演を聞かなくても、
誰かに楽しませてもらわなくても。

あなたはあなたを楽しませることが本当はできます。

お金も時間も道具も人手もいりません。
副作用だってありません。
あなたが自分を楽しませよう、笑わせようと思えば、どこでも、いつからでも。
【無意識】があなたのために動かしてくれている体1つさえあれば。

だから、どうか予想を裏切られたとしても楽しんでみてください。
失敗や思い通りにいかないことも含めて体験したかったことなのですから。
今、願いが叶わなくても、悩みがすぐには解決しなくても、楽しんでみてください。

あなたの人生そのものを。

楽しむかどうか、
笑うかどうか、
幸せであるかどうかだけは、
僕が決めることができません。

あなたが決めることだから。

最後になりましたが、今作も編集を担当してくださった岸田さん、
この本の制作に関わってくださった関係者のみなさん、
日々支えてくれている家族、友達、
ブログの読者のみなさん、
そして、今回もやっぱり僕の【無意識】にも心から感謝します。

どうもありがとうございました。

あなたの人生、あなたの可能性はまだまだこんなものではないはずです。
こんな本を読んでいる場合ではないはずです。
無意識の扉の向こう側で人生を変えるような可能性が待っています。
あなたが引き出すその日まで——。

2016年 無意識に引き出されて

クスドフトシ

デザイン　西垂水敦（krran）
イラスト　岡村優太（カバー）
竹田匡志（本文）
写真　アフロ
校正　ペーパーハウス
編集　岸田健児（ワニブックス）

引き出しの法則

著者　クスドフトシ

2016年6月11日　初版発行
2016年7月1日　2版発行

発行者　横内正昭
編集人　青柳有紀

発行所　株式会社ワニブックス
〒150-8482
東京都渋谷区恵比寿4-4-9　えびす大黒ビル
電話　03-5449-2711（代表）
03-5449-2716（編集部）
ワニブックスHP　http://www.wani.co.jp/
WANI BOOKOUT　http://www.wanibookout.com/

印刷所　株式会社美松堂
DTP　朝日メディアインターナショナル株式会社
製本所　ナショナル製本

ISBN 978-4-8470-9466-8